코로나19에 맞선 공무원들

코로나'19에 맞선 공무원들

레이버플러스

발간사

　지난해 대한민국공무원노동조합총연맹은 〈참여와혁신〉과 함께 '코로나19에 맞선 공무원'이라는 기획기사를 연재했습니다. 그 기사를 다시 다듬고 새로운 내용을 추가해 ≪코로나19에 맞선 공무원들≫ 책으로 발간하게 되었습니다. 기사 취재 후 몇 개월이 지나 다시 만난 공무원들의 그간 변화도 담겨 있습니다.

　코로나19의 위협은 무척이나 거세고 광범위합니다. 코로나19의 감염은 피했더라도 자신의 소중한 일터와 생계가 무너지고, 사람과 사람과의 교류가 사라지며 심리적 고립과 우울의 고통이 우리 모두에게 들이닥쳤습니다.

이러한 국가와 국민의 위기 상황에서 국민의 봉사자인 공무원의 역할은 막중하면서도 또한 과중합니다. 그래서 다시 그들을 만나는 것이 반가우면서도 한편 걱정스럽기도 했습니다. 1년이 넘도록 코로나19와 정면으로 맞선 그들이 얼마나 지쳤을지 염려스러웠기 때문입니다.

다행히도 다시 만난 공무원들은 여전히 묵묵히 자기 일을 이어가고 있었습니다. 지치지 않고 코로나19에 맞서고 있는 이들의 모습에 공무원 동료로서, 국민의 한 사람으로서 깊은 감동을 받았습니다.

그리고 코로나19를 비롯한 어떤 어려움이 와도 반드시 극복할 수 있다는 따뜻한 희망도 보았습니다. 코로나19의 길고 어두운 터널을 지나고 있는 국민 모두에게 그 따뜻한 희망이 전달되길 바랍니다.

이 책은 다른 지역에서 서로 다른 업무를 하는 11곳 기관의 공무원들을 만나고 있습니다. 이 책에서 만난 공무원들은 서로 만나본 적도 없고 서로 알지도 못할 것입니다. 하지만 이들의 노동이 모여 전 세계에서 주목받는 'K-방역'을 만들어 가고 있습니다.

알베르 카뮈의 소설 《페스트》의 한 구절로 이 글을 마무리하고자 합니다.

소설에서 페스트와 묵묵히 싸우던 의사 리유의 수기입니다.

"이 모든 일은 영웅주의와는 관계가 없습니다. 그것은 단지 성실성의 문제입니다. 아마 비웃음을 자아낼 만한 생각일지도 모르나, 페스트와 싸우는 유일한 방법은 성실성입니다. 그 성실성이란 자기가 맡은 직분을 완수하는 것이라고 알고 있습니다."

오늘도 현장에서 성실하게 본인의 업무를 하고 계시는 모든 공무원과 국민들을 응원합니다.

그리고 이 책이 나올 수 있도록 큰 도움을 주신 박송호 대표를 비롯한 〈참여와혁신〉에 진심으로 감사드립니다.

대한민국공무원노동조합총연맹 위원장 **석현정**

추천사

안녕하십니까, 국회의장 박병석입니다.

≪코로나19에 맞선 공무원들≫ 발간을 축하합니다. 1년이 넘는 동안 코로나19에 맞서 싸워온 공무원들의 생생한 현장 이야기에 가슴이 뭉클합니다.

세계의 모범 사례로 꼽히는 K-방역의 발자취가 담겨있어 향후 감염병 대처에도 좋은 길잡이가 될 것입니다.

코로나19는 우리에게 전례 없는 고통을 안겨주었습니다. 1년이 넘게 싸우고 있지만 언제 일상을 회복하게 될지 모릅니다. 다행히 백신과 국산 치료제가 보급되면서 희망이 싹트고 있지만 당분간 코로나19와의 전쟁은 계속될 것입니다.

전대미문의 위기에서도 우리는 K-방역으로 비교적 잘 극복해 왔습니다. 국민 모두 마음을 모아 사회공동체를 지켜내고 있습니다. 여기에 보건의료 종사자와 공무원 여러분의 헌신을 빼놓을 수 없습니다.

 이번에 발간되는 《코로나19에 맞선 공무원들》에는 검체 채취와 검사, 격리 시설 관리, 공적 마스크 판매, 학교 방역, 선별진료소 운영, 긴급고용유지지원금 지급, 생활치료센터 운영, 자가격리자 관리, 역학조사에 이르기까지 코로나19의 최전선을 지킨 공무원의 활약상이 담겨있습니다. 이런 노력으로 우리 모두가 소중한 일상으로 함께 돌아갈 수 있는 길이 열릴 것이라 믿습니다.

 국회도 국민에게 일상을 돌려드리기 위해 최선을 다하고 있습니다. 올해는 마스크를 벗고 가족, 친지, 벗들과 거리낌 없이 음식을 나누고 함께 웃을 수 있기를 희망합니다. 그날을 향해 지금도 방역 일선에서 최선을 다하고 있는 공무원 여러분들의 노고에 감사드립니다.

국회의장 **박병석**

추천사

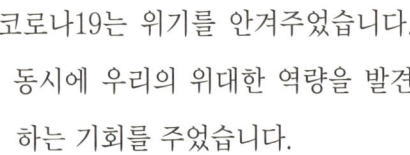

코로나19는 위기를 안겨주었습니다. 동시에 우리의 위대한 역량을 발견하는 기회를 주었습니다.

한국은 방역에 성공했고 경제도 선방했습니다. 세계가 높이 평가한 그러한 성취는 방역당국과 의료진의 헌신, 성숙한 시민의식을 가진 국민들의 동참이 있었기에 가능했습니다. 그것만이 아닙니다. 1년 넘게 지속된 위기의 순간에는 국민의 편의를 위해 애써온 공무원들이 계셨습니다.

공무원 여러분의 대응은 혁신적이었습니다. 여러분께서는 전례 없는 위기에 선제적이고 적극적으로 대처해 주셨습니다. 현장을 묵묵하게 지키며 코로나19와 맞서 나가셨습니다. 공무원들의 도전과 노고와 성취에 경의를 표합니다.

대한민국공무원노동조합총연맹에서는 그러한 공무원 여러분의 치열한 사투를 ≪코로나19에 맞선 공무원들≫에 담아내셨습니다.

책 발간을 위해 석현정 위원장님을 비롯한 관계자 여러분, 수고 많으셨습니다. 이 책에 담긴 공무원들의 도전과 노력과 성취가 널리 공유되고 실천되기를 바랍니다. 우리 사회에 공무원의 역할과 노고를 돌아보는 계기를 마련해 주기를 바랍니다.

코로나19와 맞서 전쟁을 치르는 중에 우리는 사회 전 영역에서 놀라운 진전을 이뤘습니다. 그러나 여기서 끝이 아닙니다. 코로나19가 남긴 상처를 치유하며, 민생과 경제 회복에 진력해야 합니다. 균형있고 지속가능한 성장의 길을 찾으며 새로운 미래로 도약해야 합니다. 그 과정에서 여러분이 더 힘써주시기를 부탁드립니다. 공무원 여러분의 또 다른 도전을 기대합니다. 감사합니다.

더불어민주당 전 대표 **이낙연**

추천사

K-공무원을 위하여

공무원은 국가와 국민에게 헌신과 충성, 정직과 봉사를 신조로 삼습니다. 개인의 이해보다는 공공의 복리를 먼저 생각하고 실천합니다. 그러나 인간이기에 약해지기 쉽고, 개별적으로 있을 때는 흔들릴 수밖에 없습니다. 그래서 뜻을 모을 수 있는 조직이 필요했고 단결된 힘이 필요했습니다. 그것이 노동조합입니다. 그래서 공무원도 노동조합을 결성합니다.

2020년 벽두에 시작되어 전 세계를 휩쓸고 있는 코로나19에 우리나라는 온 국민이 힘을 모아 잘 대응했습니다. 그 결과 지구촌에서 K-방역이라는 우수사례로 꼽힙니다. 우리 국민도 자부심을 갖게 되었습니다.

그런데 사실 K-방역이라는 이름 뒤에는 코로나19와 최전선에서 싸운 많은 보건의료 노동자들의 희생적인 노력이 있었습니다.

또한 보건의료 노동자들과 함께 뛰었던 노동자들의 헌신이 있었습니다. 대부분이 공무원이거나 공공부문의 노동자였습니다. 또한 119센터의 구급차를 운전하는 운수노동자, 온라인으로 힘든 수업을 한 교사나 교수 등 교육노동자, 감염의 위험을 무릅쓰고 방역 최전선을 말없이 청소한 미화노동자에 이르기까지 이들의 노력이 없었다면 불가능한 일이었습니다.

이 책은 그런 분들의 숨은 노력을 현장을 통해 노동자적 관점으로 찾고 조명한 책입니다. 기자가 애써 찾아가 인터뷰를 요청했을 때 하나처럼 "나는 내가 해야 할 일을 했을 뿐이다. 나는 공무원이다"라고 겸손해 하는 그들이 있기에 코로나19의 종식이 빨리 오리라 확신합니다. 또한 정치가 혼란스럽고 경제가 흔들리더라도 우리나라는 더 나은 미래로 한 발 한 발 나아가리라는 희망을 가져봅니다.

전태일재단 이사장 **이수호**

목차

1 2020년을 휩쓴 코로나19

양말 챙길 시간도 없이 떠난 청도   18
선생님, 코로나19 검사 왔어요   36
시골 우체국의 마스크 대란   56
우리는 내일도 출근해요   74

2 내 일이 누군가의 일상을 지킬 때

에볼라, 메르스보다 더 센 놈이 나타났다   92
'돌아온 장고' 이후 최대 히트작, 긴고   112
서울시 생활치료센터 운영총괄반에서 알려드립니다   128
전화 끊지 마세요! 잠시만요!   146

3 보이지 않는 분투

누군가는 실험실을 지켜야 한다 162
우리는 다 해내야만 해요 176
그래도 다들 잘 견디고 있어요 192

■ **취재후기** 208

2020

1월 20일
국내 첫 코로나19 확진자 발생(해외입국자)

1월 26일
선별진료소 운영

2월 20일
경북 청도 대남병원에서 코로나19 국내 첫 사망자 발생

2월 23일
전국 유치원·초·중·고교 개학연기

2월 25일
우체국·약국, 공적 마스크 판매 시작

3월 11일
WHO, 코로나19 '팬데믹' 선언

3월 15일
대구와 경산·청도 등 특별재난지역 선포

3월 22일
'사회적 거리두기' 1차 강화 추진

2020년을 휩쓴 코로나19

1월부터 3월까지

2020년 1월 20일, 인천국제공항을 통해 입국하던 중국인 여성이 코로나19 확진 판정을 받았다. 국내 첫 코로나19 확진이었다. 일주일 만에 확진자는 4명으로 늘어났고 정부는 코로나19 중앙사고수습본부를 설치했다. 감염병 위기경보도 10년 만에 '경계' 수준으로 격상했다. 전국 보건소에는 선별진료소가 설치됐다. WHO는 3월 코로나19를 '팬데믹'으로 규정했다.

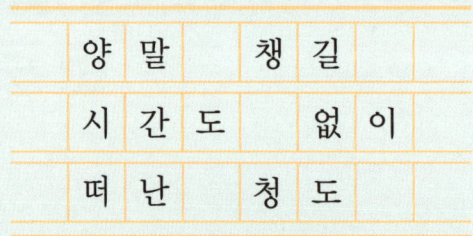

보건복지부 국립정신건강센터

　2020년 2월 19일 늦은 저녁, 국립정신건강센터 의료부에 팩스 수신을 알리는 낮은 소음이 사무실 정적을 깼다. 일순 긴장감이 돌고 당직자는 불안감에 휩싸였다. 늦은 시각에 전달되는 팩스는 대개 긴급한 보고가 주를 이뤘다. 게다가 전날인 2월 18일, 대구에서 31번 양성 확진자가 발생해 대규모 집단감염에 대한 불안감이 커지는 상황이었다. 이미 한 달 전인 1월 20일 국내 첫 코로나19 양성 확진자가 발생하고 일주일 만에 확진자가 4명으로 늘어났다. 감염병 위기경보도 10년 만에 '경계' 수준으로 격상, 전국 보건소에 선별진료소가 설치된 지 얼마 안 돼 일반 국민들까지도 긴장의 끈을 놓지 못하던 때였다.
　아니나 다를까 팩스 내용은 경북 청도 대남병원에서 날아온 급

국립정신건강센터 코로나19 환자 병동.
복도에는 여분의 침상이
준비돼 있었다.

보였다. 입원환자가 사망해 코로나19 검사를 했고 양성일 가능성이 있다는 것이었다. 코로나19 감염 위험에 놓인 입원환자는 대부분 정신질환자이고, 대남병원 소속 의료진 대다수도 이미 코로나19에 감염되었을 수도 있다는 의견도 들어 있었다. 코로나19에 확진된 정신질환자 치료는 국립정신건강센터에서 해야 할 일이었다.

국립정신건강센터는 공공의료기관이다. 감염병인 코로나19 대응은 국민의 생명을 보호하는 일과 맞닿아 있었다. 의료분야 공무원들은 할 수 있느냐는 질문보다는 무슨 일이든지 꼭 해내야 한다는 당위가 앞섰다. 그러나 원인이 불확실한 감염병 전파지에 가는 일은 자신이 감염될 뿐만 아니라 가까운 누군가를 감염시킬지도 모르는 위험 속에 뛰어드는 것이었다. 공공의료기관 종사자라 하더라도 선뜻 나서기에는 큰 용기가 필요했다. 하지만 누군가는 현장에 가서 더 발생할지도 모를 감염을 막아야 했다.

국립정신건강센터 의료공무원들은 불안감 반, 의무감 반으로 대남병원 출장을 떠났다. 대남병원 상황은 예상보다 심각했다. 전체 환자 중 두 명을 제외하고 모두 코로나19에 감염된 상태였다. 코로나19 양성 판정을 받은 대남병원 입원 환자는 103명이었다. 이 103명은 모두 정신병동에 입원한 환자였다. 의료진과 직원 9명을 포함하면 112명이 확진됐다.

이렇게 대남병원은 국내 대규모 집단 감염이 발생한 첫 의료기관이 됐다. 코로나19 한국 첫 사망자가 나왔다는 사실은 전국민의 불안에 찬 관심을 모았다.

코로나19 양성 환자가 늘어나자 정부는 대남병원 전체에 '코호트 격리'를 적용했다. 코호트 격리는 특정 질병에 함께 노출된 사람을 동일 집단으로 묶어 격리하는 기법이다. 즉 대남병원 전체를 차단하고 그 안에서 해결책을 찾아야 한다는 뜻이었다. 양성 환자를 선별해 국립정신건강센터로 이송하려 했지만, 계획은 어그러졌다. 생각보다 많은 환자가 코로나19에 감염돼 있었기 때문이었다. 이 많은

환자를 모두 국립정신건강센터에 입원시키기는 불가능했다. 방법은 하나였다. 국립정신건강센터 의료진이 현장에 들어가서 환자들을 치료하고 돌보는 수밖에 없었다. 국립정신건강센터는 곧바로 기존 대남병원 직원, 보건복지부, 그리고 다른 공공병원 의료진과 힘을 합쳤다.

먼저 청도에 내려갔던 남윤영 전문의가 국립정신건강센터 간호사·간호조무사 21명을 추가로 불렀다. 이어 다른 국립병원에서 도착한 27명의 의료진을 더해 50명 남짓한 대규모 팀이 꾸려졌다.

후발대도 지체할 여유 없이 서울에서 청도로 이동했다. 이들은 대남병원이 '도저히 감당이 안 되는' 상황이라는 것을 직감했다. 요청이 아니었다면 선뜻 갈 엄두를 못 냈을 만한 환경이었다. 환자들은 칸막이로만 나눠진 곳에 방치돼 있었다. 복도와 병실의 경계선은 의미가 없었다.

우선 3교대 업무가 돌아갈 수 있도록 인원을 배치했다. 남윤영 씨를 따라 청도로 내려갔던 이철호 씨가 당시 상황을 설명했다.

"치료할 수 있는 환경이 안 됐습니다. 뭐가 있겠습니까? 아무것도 없죠. 이미 거기 있는 의료진들은 다 빠져나갔고, 더러워진 옷과 대소변은 아무데나 쌓여있었습니다. 그곳에서는 치료를 할 수가 없어서 4층에 있는 종합병원으로 내렸습니다."

이철호 씨는 간호조무사다. 코호트 격리된 대남병원에 직접 들어가 코로나19에 감염된 정신질환자들 돌봤다. 대남병원은 6층짜리 건물이다. 정신병동은 5층에 있었지만 치료할 환경이 마땅치 않아 환자들을 4층으로 옮겼다.

"비닐로 된 방호복을 입고 일을 했습니다. 환자들의 바이탈 사인을 체크할 때마다 계속 고개를 숙이는데 그 움직임이 생각보다 큽니다. 고글에 땀이 찹니다. 병동에 들어간 지 20~30분이면 고글 안의 땀이 물이 돼 찰랑찰랑거립니다. 근데 그걸 만질 수가 없습니다. 감염이 되잖습니까. 그런 상태에서 환자를 두세 시간 봅니다. 마스크도 다 젖습니다. 같이 참여했던 간호사들 역시 장갑을 끼니까 혈관을 만지는 것도 힘들고, 시야가 확보되지 않은 상태에서 처치를 하다 보면 공포감까지 느껴진다고 말했습니다."

'전에 경험하지 못했던' 환경이었다. 코로나19에 감염된 정신질환자를 치료하는 일에는 전문성이 필요하다. 코로나19 감염 치료가 낯선 건 환자들도 매한가지였다. 환자를 구분하기 위해 이름표를 다는 일조차도 쉽지 않았다. 위중한 환자에게 정맥주사를 달아놔도 다 뜯어놓기 일쑤였다. 환자들은 몸부림치거나 의료진을 밀어냈다. 정신질환을 앓고 있는 이들에게 코로나19 치료는 또 다른 고통이었다.

결과적으로 공무원들에게 '아주 긴' 여정이 된 이 출장의 목표는 뚜렷했다. 환자를 치료하고 대남병원을 다시 정상으로 돌려놓는 것이었다. 이들은 바로 현장에 베이스캠프를 차리고 진료를 시작했다. 정신질환자의 간호와 더불어 감염예방에도 신경 써야 했다. 보통과

청도에서의 업무를 수행하기 위해
공무원들은 팀을 꾸려 서울을 떠났다.

같은 3교대, 8시간 노동이었지만 방호복을 입고 손에 진물이 나도 장갑을 두 겹씩 꼈다. '화장실은 방호복 입기 전에 먼저 다녀오기'처럼 보이지 않는 약속도 생겼다. 화장실을 가려면 밖에 나가 방호복을 입고 벗어야 한다. 여기에 소요되는 시간마저 아껴야 했다.

우리 모두에게 다행이었다

　대남병원에 파견된 공무원들은 코로나19 감염 환자들과 직접 접촉할 수밖에 없었다. 코로나19 감염이 두렵지 않은 것은 아니었다. 청도에서 근무할 때는 밤마다 '직원들을 위한 마음치료세션'이 열렸다. 불안감에 뒤척이며 서로를 위로해 주던 긴 밤이었다.

　출장 일수가 늘어나자 대남병원의 상황도 안정되는 듯 보였다. 2월 27일 정부는 남은 환자들을 국립정신건강센터로 이송해 치료하기로 결정했다. 공무원들의 노력 끝에 당시 103명의 환자 중 26명이 완치됐다. 사망자와 완치자를 제외한 환자 69명 중 38명이 국립정신건강센터로 이송됐다. 남은 환자들도 국립중앙의료원 등으로 옮겨졌다. 119와 경찰의 도움을 받았다. 다행스럽게도 국립정신건강센터 공무원 중 병원 내 감염자는 없었다.

　몸도 마음도 모두 지친 긴 출장이었다. 보름 남짓 지난 3월 6일, 이들은 환자들을 무사히 치료하고 서울로 돌아왔다. 기자가 국립정신건강센터를 찾아간 시점은 8월 말, 이들 의료공무원을 만나 당시 대남병원 현장 상황을 들을 수 있었다.

　정신건강의학과 전문의인 남윤영 씨는 청도를 떠나면서 안도의 한숨을 여러 번 내쉬었다고 했다. 서울로 돌아가면서 느낀 기분을 묻자 "다행이다. 살았다 싶었다"고 했다. "선생님이 무사한 게 다행이라고 느꼈냐"고 되물었다. 답변은 바로 돌아왔다.

"아뇨. 우리 모두가 살아서 다행이었습니다. 국립정신건강센터는 한 몸입니다. 아비규환 같은 곳에서 직원들은 처음에 굉장히 힘들어했습니다. 그런데 며칠 지나고 나서부터는 노련함을 되찾았습니다. 다른 기관하고도 처음 손을 맞췄는데도 한마음이 돼서 일을 같이 했습니다. 사실 제일 큰 걱정은 우리 직원들 안전이었습니다. 준비가 안 된 병동에 들어갔지만 감사하게도 의료진들의 감염은 일어나지 않았습니다. 소중한 직원 한 사람 한 사람을 다독이

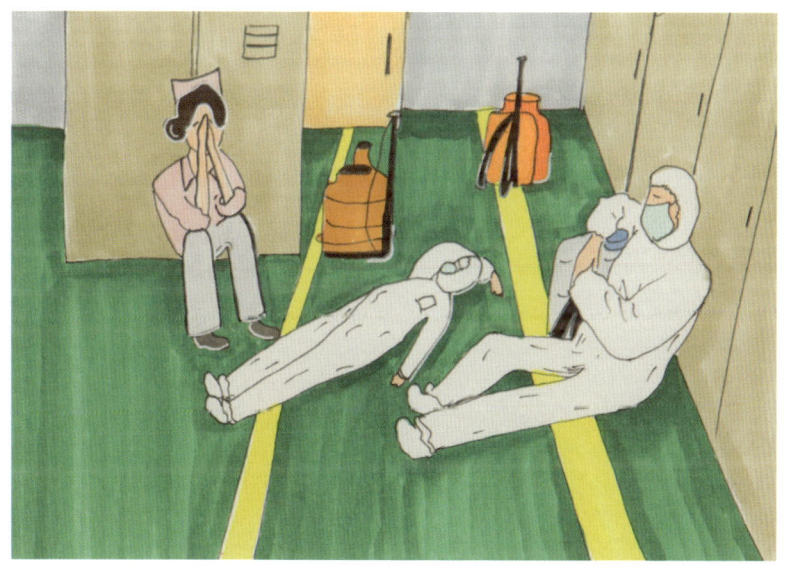

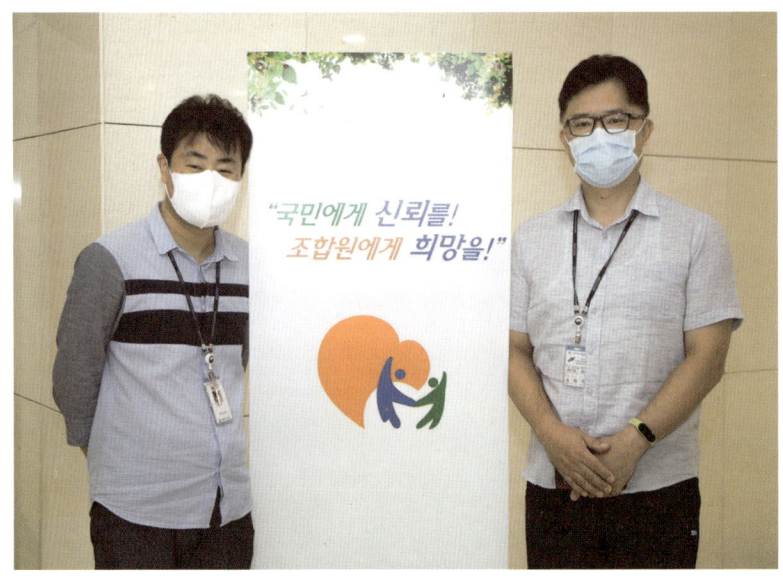

긴 출장을 끝내고 전승권 간호조무사(왼쪽)와
이철호 간호조무사(오른쪽)가
서울로 돌아왔다.

고 배려하는 일도 얼마나 중요한지 배웠습니다."

"급한 정신질환자들에게 도움을 주는 것이 저희의 꿈입니다. 재난 상황에서 정신적 문제를 겪는 감염계 환자에게 저희 역할을 수행하는 겁니다. 여전히 정신질환자라고 하면 혐오의 대상입니다. 배제와 격리의 대상입니다. 우리 기관의 역할은 돈 때문에 치료를 못 받는 일을 없애는 겁니다. 그게 공공의료라고 생각하고 있습니다."

정신질환자의 '응급실'이 공공의료

하지만 모두 끝난 것은 아니었다. 우선 낯선 환경에서 인간적인 한계를 느낄 만큼 격무에 시달렸던 공무원들에게 안정과 휴식이 필요했다. 대남병원에서의 업무는 평소 국립정신건강센터에서 일할 때와는 완전히 달랐다. 퇴근도, 집도, 가족도 없는 곳이었다. 그래서 국립정신건강센터노동조합은 센터에 복귀 전 2주간 자가격리를 제안했다. 파견에 나선 노동자가 2차 감염됐을 때 신속히 다른 병원으로 옮겨 치료를 보장하자는 것도 건의했다. 당시 청도 대남병원에서 파견근무 중이던 직원들을 위해 목소리를 높였던 전승권 간호조무사의 말이다. 전승권 씨는 국립정신건강센터노동조합 지부장을 맡고 있다.

"우리가 원하는 것을 얻으려면 이해를 시켜야 합니다. 작은 물줄

기가 큰 강물이 되듯, 우리는 우리의 목소리를 낼 것입니다. 계속 두드릴 것입니다. (여전히 코로나19에 맞서고 있는 공무원들에게) 사실 위로를 해줄 수는 없습니다. 다 같이 고생하는데 말로 위로를 해봤자…. 공무원노동자로서의 자긍심을 가지고 힘내주기를 바랄 뿐입니다."

듣고 있던 이철호 씨도 옆에서 고개를 끄덕였다.

"우리는 아무도 가지 않는 곳에 갑니다. 공무원들이 이것저것 가릴 것 없이 투입되더라도, 합당한 보상과 환경적인 요건들이 갖춰져야 합니다. 처음에는 숙박시설도 없었습니다. 식사, 잠자리, 물품에 대한 문제들은 먼저 파악돼야 하는 겁니다. 희생만 강요할 게 아니라 여건이 먼저 돼야 합니다. 그게 훨씬 더 이상적입니다."

서울에 돌아와서 남윤영 씨는 국립정신건강센터를 처음 만들 때를 다시 떠올렸다. 치료받을 기회가 없거나, 돈이 없어서 치료를 받고 싶어도 못 받는 정신질환자에게 도움을 줄 수 있는 곳을 만들고 싶다는 마음이었다. 재난이 닥쳤을 때도 국립정신건강센터는 정신질환자의 응급실이 돼야 했다.

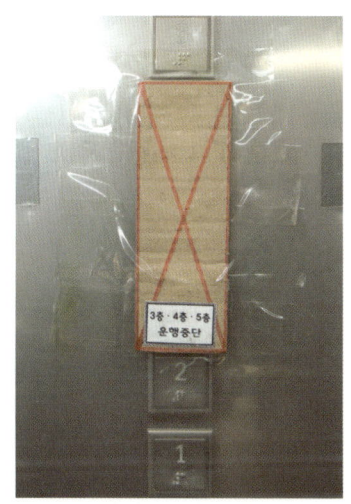

운행 중단된 국립정신건강센터
엘리베이터. 코로나19
환자 병동으로 쓰일 3, 4, 5층은
의료진만 출입할 수 있다.

"코드 그레이, 코드 그레이. 환자, 병동에 도착했습니다."

인터뷰를 진행하던 중 유성이 병원을 메우자 남윤영 씨가 항급히 자리를 떴다. 국립정신건강센터에 코로나19 확진 환자가 도착하고 있다. 엘리베이터의 3·4·5층 버튼은 막혀 있었다. 병원에 낮지만 날카롭게 울리는 '코드 그레이' 사인은 그들의 노동이 다시 시작되는 신호이기도 했다. 그들은 그렇게 '낯선 일상'으로 뛰어들었다.

취재 그 이후

국립정신건강센터가 대남병원 환자를 무사히 치료한 뒤에도
코로나19 확진자는 이어졌다. 국립정신건강센터 직원들은 이제
파견을 가지 않지만, 자신의 자리에서 코로나19 환자를 돌본다.
특히 2020년 하반기엔 여러 정신요양병동에서
코로나19 확진자가 발생했다.
환자를 국립정신건강센터로 이송시키고, 치료하고,
다시 이송시키기를 반복했다.
해가 바뀐 2021년, 다시 국립정신건강센터 이철호 간호조무사에게
전화를 걸었다. 바쁜 와중일 것 같아 걱정했지만
그는 바로 받았다. 야간근무라 오후에는 통화할 수 있다고 했다.
그의 휴식시간을 방해하는 것 같아 미안했다.
그래도 염치없게 물었다.
"요즘 어떠세요?"

수도권에도 코로나 환자가 급증했습니다. 그동안 어떻게 지내셨나요?

겨울부터는 독감이 유행하잖아요. 저희도 긴장하고 있었어요. 결국 12월에 하루 확진자가 1,000명을 넘어섰어요. 우려했던 일이 벌어진 거죠. 지역사회 정신요양병원에서도 대규모 확진자가 발생했어요. 국립정신건강센터는 외래를 뺀 모든 병실을 코로나19 전담시설로 바꾸고 환자를 받았어요.

요새 하는 업무는 어떤 건가요?

저도 정신요양시설에서 오신 환자들을 보고 있어요. 지금도 정신요양병원이나 요양시설에서 다발적으로 코로나19 확진자가 나오고 있어요. 그분들을 센터에 다 수용할 수 없어서 일단 급한 환자를 우선으로 받아요. 중증 환자 위주로 입·퇴원을 반복하고 있지만 아직도 침상은 만원이에요.
요양병원 환자의 특성상 대부분 와상(거동이 안 돼 누워만 있는) 환자분이라 치료 외에 대·소변, 식사 보조 등의 일도 같이 해요. 저를 비롯한 모든 공무원들이 환자를 간호하는 업무 외에도 요양보호사의 업무, 간병인의 업무까지 모두 소화해야 하는 터라 이중, 삼중고를 겪고 있는 거죠. 저도 하루가 어떻게 가는지 모르게 바빠요. 직접적으로 표출은 하지 않지만 육체적, 감정적으로 압박을 많이 받아요. 하루 빨리 이 재난이 종식되길 기다리고 있어요.

코로나19로 정신질환자들은 진료를 받을 곳이 없다고 해요. 국립정신건강센터는 어떤 역할을 해야 할까요?

　병원이 코로나19 전담병원으로 전환했지만 외래환자 진료는 계속하고 있어요. 다만 입원환자를 못 받아요. 다른 병원과 협업해서 입원환자 안내는 하고 있어요. 그래도 국립병원이 기능전환을 할 때 다른 병원에 입원병상을 마련해야 한다고 봐요. 재난 이후 개선책이 필요해요.

코로나19와의 사투도 1년이 넘었네요. 공무원노동자에 대한 우리 사회 인식 변화에 공감하세요?

　'우리끼리 알아주는 이야기'가 아닌 다수의 공감을 얻을 수 있어야 한다고 생각해요. 그러고 보니 하나 기억나는 게 있네요. 지방에서 환자를 이송해서 치료 격리 기간이 끝난 후 다시 그 환자를 지방병원으로 이송해 주시는 구급차 기사님들께서 우리에게 "처음 모셔올 때보다 환자분 얼굴이 좋아졌고 컨디션이 좋아 보인다"는 말을 자주 하세요. 지금 현 상황에서 해야 할 일, 맡은 일, 주어지는 일을 묵묵하게 해나가고 있다 보니 현장에서 주로 듣는 이야기는 "감사하다"는 말이죠.

정신요양병원 환자분들은 중증환자예요. 민간에서 엄두를 못 내던 일을 하나하나 해결한 후 그분들에게 듣는 감사 인사가 모여 다수에게 긍정적인 공감을 불러일으킬 수 있다고 믿어요.

혹시 더 하고 싶은 이야기가 있나요?

재난 앞에 변화가 있을 때마다 그 중심엔 공무원노동자가 있다는 사실을 전달하고 싶네요. 민간이 못하는 일을 공무원이 어떤 생각을 갖고 어떻게 행동하느냐에 따라 국가의 재난도 달라질 수 있다고 봐요.

저는 이번 코로나19로 인해 '생각의 크기'가 바뀐 것 같아요. 기존엔 기관과 부서에만 머물러 있던 생각이, 우리 역할에 따라 사회와 국가 전체에 긍정적인 영향력으로 작용해 국민의 삶의 질이 좋아질 수 있다고 생각하게 됐어요.

선생님, 코로나19 검사 왔어요

경산보건소 이동 검체 채취팀

경북 경산, 경차 한 대가 달린다. 두 사람이 탄 차 안에는 짐이 가득 들어찼다. 작지만, 무거운 차량이 도착한 곳은 어느 집 앞. 차에서 내린 두 사람은 이내 옷을 갈아입기 시작한다. 새하얀 레벨D 방호복이다. 보안경, 장갑까지 착용해 밖에 드러나는 피부가 없어 꼭 우주인 같다. 이 '우주인'들은 양손 가득 짐을 들고 목적지로 향한다.

(똑똑)

"누구세요?"

"선생님, 코로나19 검사하러 왔는데요."

한때는 백의의 천사, 지금은…

　이들은 코로나19 확진자의 밀접접촉자나 해외입국자 등 격리가 필요한 대상자의 집에 직접 방문해 코로나19 검사를 진행하는 경산보건소 이동 검체 채취팀이다. 검체 채취는 의료인만 할 수 있다. 그렇기에 전국 보건소의 이동 검체 채취팀은 간호공무원들이다.
　대구·경북지역은 초기 코로나19 확산의 직격탄을 맞았다. 경산시에 코로나19가 시작된 것은 2020년 2월 19일. 인근 영천시에 사는 한 남성이 코로나19 확진 판정을 받으면서다. 이 확진자는 경산에서 식당을 운영했다. 식당은 곧바로 폐쇄됐고 식당 직원과 확진자의 가족에 대한 격리가 시작됐다. 경산시는 확진자의 동선을 파악해 인근 상점까지 모두 소독을 위해 폐쇄하는 조치를 취했다.
　20일, 결국 경산시에서 코로나19 확진자가 발생했다. 연결고리는 대구 신천지교회였다. 대구·경북지역을 중심으로 확산한 '신천지발(發) 1차 대유행'이었다. 경산시는 시가 운영하는 다중이용시설의 휴관을 결정했다. 각종 행사도 마찬가지였다. 19일 영천시의 확진자가 접촉한 경산시민만 70여 명에 이르렀다.
　경산보건소에 이동 검체 채취팀이 꾸려진 것도 20일이다. 경산시 내 코로나19 확진자가 발생함에 따라 밀접접촉자로 분류된 경산시민이 폭증했기 때문이다. 경산시의 첫 코로나19 확진자가 택시, 버스 등 대중교통을 이용해 코로나19 검사 장소까지 이동했음을 파악한 경산시는 밀접접촉자와 시민의 접촉을 줄이기 위해 이동 검체 채취팀을 꾸렸다.

새하얀 방호복과 보호장구로 머리부터 발끝까지 무장한 이들이 등장하면, 사람들의 관심은 집중된다. 이들의 등장은 '내가 사는 곳 근처까지 코로나19 바이러스가 다가오고 있다'는 걸 의미하기 때문이다. 언젠가 백의의 천사가 되겠다며 나이팅게일 선서를 했던 이들은 똑같이 '백의(白衣)'를 입었지만 더 이상 천사가 아닌 두려움의 대상이 됐다. 그래서 이동 검체 채취팀은 출동할 때마다 불편한 시선을 받는다.

검체 채취대상자의 집이 아파트일 때, 이동 검체 채취팀은 주차장에서 방호복을 입지 않는다. 그냥 평범한 방문객처럼 엘리베이터에서 내린 후 검체 채취대상자의 집 바로 앞 복도에서 방호복을 갖추고 집으로 들어간다. 검체 채취대상자의 주소 등 개인정보를 노출하지 않기 위해서다. 엘리베이터에 함께 탄 사람이 있으면 이동 검체 채취팀은 일부러 목적지가 아닌 다른 층에서 내려 계단으로 이동한다. 호기심 넘치는 사람들은 이들을 따라오거나, 아파트 현관문에 달린 카메라를 통해 방호복을 입는 이동 검체 채취팀을 지켜보기도 한다.

주변 사람이 아니라 검체 채취대상자가 이동 검체 채취팀을 향해 불편한 시선을 보낼 때도 있다. 신천지발 코로나19 1차 대유행 당시, 검체 채취대상자는 이동 검체 채취팀의 등장으로 자신이 '신천지 신도'라고 알려진다고 여겼다. 당시에는 코로나19 확진자라면 중국인 혹은 중국 방문자, 신천지 신도라는 인식이 강했다. 특히 대구·경북지역에서 발생하는 코로나19 확진자는 무조건 신천지 신도로 간주해 세간의 비난을 받았다. 그러다 보니 많은 검체 채취대상자가 "나는 신천지 신도가 아니라 그냥 지인과의 모임을 했을 뿐"이라며 날카롭게 반응했다.

실제 신도들의 경우 이동 검체 채취팀에게 "(내가 신천지 신도라는 사실을) 부모님이 알면 안 되니 아파트 복도에서 코로나19 검사를 해주면 안 되냐"고 애원하기도 했다. 또 검체 채취대상자나 배우자가 신천지 신도임을 뒤늦게 알게 된 부부의 사례 등이 골고루 있었다. 코로나19에 대한 경계심은 이해하지만, 과하게 반응하는 일부 검체 채취대상자의 태도는 이동 검체 채취팀을 더욱 힘들게 만들었다. 정윤영 경산보건소 주무관은 이동 검체 채취팀으로서 느끼는 어려움을 털어놨다.

"검체 채취를 마치면 모두의 안전을 위해 검체 채취대상자 집 밖에서 옷(레벨D 방호복)을 벗거든요. 저희가 간 줄 아셨나 봐요. 집

앞에서 옷을 벗고 있는데 소금이나 소독제를 뿌리는 분들이 간혹 계세요. 아니면 저희 손이 닿은 곳을 거칠게 소독제로 닦거나. 그럴 땐 '내가 코로나19 바이러스인가? 나는 그냥 검사를 도우러 온 건데' 싶죠. 그럴 땐 참…. 안타깝죠"

서툴고 어려웠던 코로나19 초반

이도원 경산보건소 주무관이 경산보건소로 발령받은 지 얼마 안 됐을 때 경산시에 코로나19 확진자가 발생했다. 업무를 채 파악하기도 전에 이도원 씨는 간호공무원이라는 이유로 이동 검체 채취팀에 차출됐다. 업무도 낯선 이도원 씨를 더욱 힘들게 한 것은 운전이 서툴다는 점이었다.

평소 같았다면 운전에 능숙한 사람과 미숙한 사람을 한 조로 묶어줬겠지만, 코로나19로 정신없는 와중에 거기까지 신경 쓸 여유는 없었다. 그래서 두 명의 조원 모두 운전이 서툰 사람으로 구성되는 경우가 있었는데, 이도원 씨도 마찬가지였다. 많을 땐 하루에 100건 이상의 검체 채취가 필요했다. 두 명 모두가 운전이 서툰 이도원 씨의 조는 다른 조보다 늦은 시간까지 일하기 일쑤였다.

이도원 씨가 이동 검체 채취팀으로 차출된 지 2주 정도 됐을 때의 일이다. 차량 가득 실린 의료폐기물통, 채취한 검체를 담은 아이스박스 때문에 이도원 씨와 동료는 좌석을 앞으로 바짝 당겨 앉아야 했다. 어두운 시골 도로를 달리던 이도원 씨는 갑자기 핸들을 확 꺾었다. 도로 한가운데에 알 수 없는 물체가 늘어져 있었기 때문이다. 차에서 내려 이도원 씨가 확인한 물체의 정체는 죽은 노루 한 마리였다. 놀람과 안도감, 서러움이 뒤섞여 격해진 감정을 추스르기 위해 이도원 씨와 동료는 10분 정도 아무도 없는 컴컴한 길 위에 우두 커니 서 있었다.

"정말 경산시 곳곳을 다 돌아다녔으니까 하루 운전 시간만 3~4시간? 그랬던 것 같아요."

정윤영 씨가 덤덤하게 말했다.

이동 검체 채취팀이 구성되기 전부터 경산보건소에서 치매안심센터 업무를 담당해왔던 정윤영 씨는 검체 채취를 위해 경산시내 요양병원으로 출동한 경험이 몇 차례 있다. 2월 28일 경산 관내 요양원에서 요양보호사가 코로나19에 확진된 것을 시작으로 경산시의 요양병원에서 코로나19 확진사례가 줄지었기 때문이다. 결국 경상북도지사가 경북지역의 사회복지시설 중 생활시설에 대한 코호트 격리를 선언했다. 시설이 통째로 격리되면서 이동 검체 채취팀이 요양병원을 방문해 코로나19 검사를 해야 했다. 정윤영 씨는 평소 보건소에서 치매 환자를 응대하는 게 주업무였지만, 치매 환자의 코로나19 검사는 또 다른 영역이었다. 등짝을 얻어맞거나 발로 차이는 일이 부지기수였다.

정신과 병동에 입원할 필요가 있는 검체 채취대상자의 검체를 채취하는 것도 어려운 일이었다. 코로나19 검사 결과가 음성으로 나와야만 정신과 병동에 입원할 수 있기에 이들의 검체 채취는 필수였다. 그러나 코로나19 검사를 해야 한다는 사실은 검체 채취대상자의 감정을 격하게 만들었다. 검체 채취대상자는 자신은 괜찮은데 왜 코로나19 검사를 받아야 하느냐고 화를 내는 경우가 잦았다.

엄진경 경산보건소 주무관 역시 그런 경험이 있다. 화가 난 검체 채취대상자가 흥분해 물건을 던지고 욕하는 걸 지켜보면서 엄진경 씨 역시 두려움을 느꼈지만, 한편으로는 안타깝다고 생각했다. 코로나19만 아니었다면, 더욱 더 빠르게 의료진의 적절한 도움을 받았을 환자였기 때문이다. 이런 일이 반복되면서 정신과 병동에 입원할 필요가 있는 검체 채취대상자의 검체를 채취하러 출동할 때면 경찰과 함께 이동했다.

괜찮다가도 괜찮지 않은 순간의 반복

아파트 단지가 아닌, 시골의 주택가로 검체 채취를 나갈 때는 검체 채취대상자의 집을 찾는 게 난관이다. 근처에 도착했지만 목적지를 찾지 못해 그 주변에서 뱅뱅 돌기도 한다. 이도원 씨는 40분 동안 좁은 시골길에서 검체 채취대상자의 집을 못 찾아 '앞으로 갔다 뒤로 갔다'만 반복한 적도 있다. 어렵게 검체 채취대상자 집을 찾아가더라도, 검체 채취대상자가 인기척을 늗지 못하거나 약속된 시간에 외출해 한참 동안 집 밖에서 검체 채취대상자를 기다리기도 한다.

사소하지만 괜찮지 않은 순간은 이동 검체 채취팀원들의 마음속에 켜켜이 쌓여갔다. 그렇지만 가끔 한 번씩 괜찮지 않음이 상쇄되

코로나19 검체 채취 후
관내 유치원생들이 직접
손으로 쓴 편지를 보내왔다.

는 순간이 있다. 선별진료소에서 직접 코로나19 검사를 받을 수 없는 검체 채취대상자는 집으로 방문한 이동 검체 채취팀에 미안함과 고마움을 느낀다. "너무 고생하니 커피라도 한 잔 마시고 가라"고 권하는 검체 채취대상자에게 감염 위험을 이유로 거절할 때면 곤란하기도 하지만, 마음은 따뜻해진다고 이동 검체 채취팀은 입을 모았다.

한 번은 관내 유치원에서 코로나19 확진자가 나왔다. 아직 초등학교에도 입학하기 전인 어린아이들 200여 명의 콧속을 쑤셔야 하는 건 이미 검체 채취에 이골이 난 이동 검체 채취팀에게도 괴로운 일이었다. 며칠이 지난 후, 200여 명의 아이들이 경산보건소에 편지를 보냈다. 이동 검체 채취팀을 향한 감사함과 자신들의 무탈함을 전하는 내용의 편지 200여 통은 경산보건소를 따뜻하게 물들였다.

삶과 죽음, 그리고 트라우마

어린아이를 키우는 엄진경 씨는 가족이 감염될까 걱정이 돼 남편과 각방 생활을 했다. 또 부부가 함께 일하는 사정으로 긴급돌봄을 신청하고 싶어도 자기 때문에 돌봄교실에 코로나19가 전파되지는 않을까 싶어 신청하지도 못했다. 가끔 아이가 다니는 유치원에서 "어머님은 괜찮으신 거죠?"라는 전화를 받을 땐 '나도 내 일을 하는 것일 뿐인데' 하는 생각에 힘이 들었다.

이미영 경산보건소 주무관은 벚꽃이 흐드러지게 핀 2020년 4월의 어느 날을 잊지 못한다고 말한다. 이미영 씨는 그날 '관내에서 시신이 발견됐으니 검체 채취를 위해 출동해 달라'는 요청을 받았다. 시신이 발견된 곳은 경산의 한 대학교. 서둘러 대학교로 향한 이미영 씨가 목격한 광경은 젊은 망자와 망자가 발견된 장소 앞에서 코로나19 검사만을 기다리는 많은 관계자들이었다.

이미영 씨는 당시를 '망자가 극단적인 선택을 한 건지, 누군가가 나쁜 마음을 먹고 망자를 해한 건지보다는 망자가 코로나19에 걸렸는지 안 걸렸는지가 더 중요한 시기'였다고 기억하고 있다. 차가운 화장실 바닥에 누워 있던 젊은 망자의 검체를 채취한 이미영 씨는 아직도 젊은 망자가 왜 그런 모습으로 거기에 누워있었는지 알지 못한다.

"검체 채취를 마치고 건물 밖으로 나오는데, 벚꽃이 정말 예쁘게 흩날리는 거예요. 그 학교가 벚꽃이 피면 정말 예쁘거든요. 이렇게 예쁜 풍경을 얼마 보지도 못하고 차갑게 식어버린 젊은 친구가 참 안쓰러웠죠. 저도 아이가 있잖아요. 그러니까 '그 부모 마음은 어떨까?' 싶어서 너무 서럽더라고요."

이미영 씨는 한동안 깊은 트라우마에 시달렸다. 보건소 화장실에만 가도 누군가 파리한 회색빛 얼굴로 쓰러져 있을 것 같았다고 했다. 한동안 이미영 씨는 화장실 문을 여는 것도 두려워했다. 더욱이

사건이 발생한 곳 쪽은 쳐다볼 생각조차 하지 못했다. 트라우마는 오래 이어졌다.

젊은 누군가의 죽음을 목격한 이미영 씨, 코호트 격리된 요양병원의 치매 환자에게 폭행당한 정윤영 씨, 암흑만이 가득한 길가에서 죽은 노루를 발견한 이도원 씨, 흥분한 검체 채취대상자가 던지는 물건에 맞은 엄진경 씨, 이들을 비롯한 모든 경산보건소 이동 검체 채취팀원은 주로 화장실에서 눈물을 훔치며 힘든 시간을 견딘다. 정말 견디기 힘든 날은 검체 채취를 나가는 길에 가능한 주변의 풍경에 시선을 둔다. 약간이나마 여유가 생기면 한적한 곳에 잠깐 차를 세우고 바람을 느끼면서 마음을 달래기도 한다. 코로나19 확산을 막기 위해 지역 사회 곳곳의 구멍은 열심히 메우지만, 이들의 마음구멍을 메우기 위한 트라우마 치료는 제공되지 않았다.

"1차 대유행기도 지나고 일이 익숙해지면서 많이 나약해졌죠. 내 일이지만, 검체 채취를 위해 대상자가 입을 벌리면 마치 동굴 속에 빨려 들어가는 것 같기도 하고요. 하기 싫고 두려웠어요. 그걸 극복하면 괜찮아졌다가 다시 힘들었다가의 반복이죠. 그냥 누군가가 고생한다고 한마디 해주면 그걸로 견디는 거예요."

경산보건소 이동 검체 채취팀은
단체사진 촬영을 요청하자,
'덕분에 챌린지' 포즈를 먼저 제안했다.

취재 그 이후

경산보건소 이동 검체 채취팀을 만난 건 2020년 10월의
어느 화창한 가을날이었다. 이동 검체 채취팀원들은
경산보건소 2층의 회의실에서 부끄러움 가득한 얼굴로 "이렇게 말하면
되나요?"라고 말을 시작했다. 이윽고 서로의 기억 저편에 있던
몇 가지 사건이 누군가의 입에서 시작되자, 이동 검체 채취팀원들은
"맞아, 그랬다"는 공감의 반응을 터뜨렸다.
연재기사를 위한 취재를 갔을 때는
한바탕 태풍이 지나갔다고 여겼지만, 소규모 집단감염으로
전국 코로나19 일일 확진자가 1,000명에 이르는 3차 유행기가 다시
찾아왔다. 취재 당시 소강상태였던 업무가 다시 폭발했을 경산보건소의
이동 검체 채취팀은 그동안 어떻게 지냈을까?
박미정 씨의 이야기를 들었다.

가을에 만났는데, 벌써 계절이 바뀌었어요. 그동안 어떻게 지내셨나요?

그동안 코로나19 확진자가 계속 발생했잖아요. 저희도 원래 담당하던 업무와 함께 코로나19 관련 업무를 계속 했죠. 취재 이후에도 계속 바쁜 삶이었던 것 같은데요?

저희가 이동 검체 채취팀이긴 하지만, 아무래도 보건소 인력이 한정돼 있잖아요. 그래서 이동 검체 채취 업무 외에도 사회복지시설 선제검사, 확진자 발생 단체시설 전수검사, 대중교통 종사자 전수검사, 야간 해외입국자 검체 채취, 주말 선별진료소 근무 등 인력이 필요한 모든 업무에 투입됐답니다.

겨울이 되고 코로나19 3차 유행기도 있었어요. 질병관리청 통계에 따르면, 대구·경북지역은 수도권에 이어 두 번째로 코로나19 확진자가 많은 지역인데요.

코로나19 확진자 증가세가 주춤할 때 보건소에서 하는 각종 사업, 그러니까 치매 예방사업, 건강증진사업 같은 건 재개됐어요. 그래서 이동 검체 채취팀으로 차출된 사람들도 이동 검체 채취와 본래 담당하던 업무를 병행했죠.

12월에 갑자기 코로나19 확진자가 폭증하고 정부에서 5인 미만 집합금지 명령을 내리는 등 코로나19가 다시 대유행하면서 보건소도 대민업무는 중단했어요. 그래도 보건소가 해야 하는 업무는 해야 하잖아요? 그래서 그 업무와 코로나19 관련 업무는 병행하고 있습니다. 일손이 너무 부족하면 다른 팀에 지원인력을 요청하고 다른 팀의 일손이 모자라면 저희가 지원인력으로 가고 그렇게 버텼네요.

취재 당시 트라우마 얘기를 하셨던 게 기억나요. 기사가 나간 이후, 트라우마 치료나 심리 치료 등이 제공되거나 제공을 위한 논의가 있었나요?

아쉽게도 트라우마 치료 제공을 위한 논의가 따로 있거나 그렇지는 않았습니다. 물론 개인이 원한다면, 보건소 내 정신복지센터의 문을 두드려 도움을 받을 수는 있어요. 그런데 개인이 업무 중간에 정신복지센터 상담실의 문을 두드린다는 건 사실 쉬운 일은 아니죠.

그냥 시간이 지나면서 기억이 점점 지워지기만을 기다리고 있어요. 여전히 마음속 어딘가에는 흉터로 남아있는 셈이죠. 의식적으로 힘들었던 기억, 아팠던 기억을 하지 않으려고 애쓰는 거예요. 그래도 가끔 그 기억이 떠오를 때가 있죠.

≪코로나19에 맞선 공무원들≫이라는 책이 기획된 이유가 바로 '코로나19로 우리 사회에서 공적 영역의 역할과 그 일을 하는 공무원들이 중요하다'는 공감 때문이었어요. 현장에서 우리 사회의 공무원에 대한 인식 변화를 체감하시나요?

처음 코로나19가 발병하고, 특히 대구·경북지역을 중심으로 코로나19가 유행하던 때는 일이 많고 힘들어도 '공무원 고생한다'면서 따뜻한 말 한마디를 건네주시는 시민 분들 덕분에 버틸 수 있었어요. 지금도 마찬가지예요. 한결같이 응원해주시는 많은 시민 분들 덕분에 그나마 버티고 있다고 생각해요.

코로나19 같은 국가 재난상황에서 사회안전망과 국가 정책의 집행을 담당하는 공무원의 역할이 중요해졌다는 우리 사회의 공감에는 동의해요. 많은 분들이 그렇게 얘기하시죠. 그렇긴 한데, 코로나19의 장기화로 우리 사회가 전반적으로 많이 지친 것 같아요. 가끔 저희를 향한 날 선 비난과 마주할 때가 있기도 하거든요.

그래서 꼭 말씀드리고 싶은 건, 저희는 모두 최선을 다해서 묵묵히 제자리를 지키고 있다는 거예요. 다 같이 노력해서 좀 더 빠르게 이 재난을 극복하고 나면, 공무원에 대한 인식 변화가 더 크게 와 닿을 것 같아요.

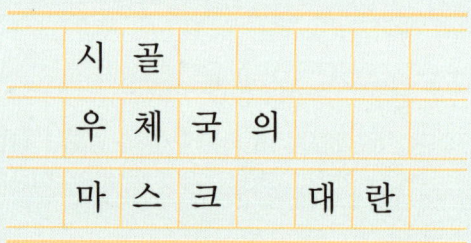

시골
우체국의
마스크 대란

전북 순창구림우체국

"어머님! 마스크 쓰셔야죠."
"아이고 그게 오다가 날아가부렀당께.
바람이 씨게도 안 부는디…. 마스크 하나 줘요."

이제 누구나 밖을 나서기 전 마스크를 챙겨 쓴다. 바쁜 출근 준비 중 마스크를 챙기다 지난해, 그러니까 2020년 한여름에 다녀왔던 시골 우체국 풍경을 떠올렸다. 나라 전체엔 한 번도 겪어보지 못한 '마스크 구하기' 소란이 벌어졌다. 그 난리통이 진정되고 마스크 한 장쯤 없이 써도 될 만큼 다시 인심이 넉넉해진 지 얼마 안 됐던 때 시골 우체국을 찾았다. 난생 처음 가 보는 곳이었는데, 그 이유가 바로 마스크였다.

그러고 보니 코로나19 이전 맨얼굴로 거리를 다니던 날이 꿈결 같다. 이제 사람들은 집을 나서기 전엔 마스크를 챙긴다. 버스를 타도, 지하철에서도 누구나 마스크를 써야 한다. 코로나19로 바뀐 일상 중 가장 눈에 띄게 변한 풍경이다. 코로나19 1·2차 대유행을 겪으며 사회적 거리두기 기간도 점점 길어져만 갔다. 무심코 맨얼굴로 집을 나섰다가 되돌아가 마스크 챙겨 쓰기를 반복하는 날들이 이어졌다. 그만큼 '마스크 쓰기'는 코로나19 상황에서 기본적인 일상이 됐다.

이 마스크를 구하려고 모두가 전전긍긍한 시기가 있었다. 가히 '마스크 대란'이라 부르던 때다. 코로나19라는 낯선 감염병이 국내에 상륙하고 나서 2월경 마스크가 이 유례없는 감염병 전파를 막을 수 있다는 소식이 알려졌다. 코와 입을 가리는 일이 무엇보다 중요해지자, 황사가 불어닥칠 때나 찾았던 마스크를 너도나도 찾기 시작했다. 약국과 편의점마다 마스크 품귀 현상이 나타났고 가격은 천정부지로 치솟았다. 사람들은 약국·매장 앞에 긴 줄을 서야 했다. 마스크 품귀 현상은 5월까지 계속됐다.

모든 것이 풍족하다는 도심조차 마스크를 구하기 어려웠다. 시골의 상황은 더욱 심각했다. 약국이 부족하거나 아예 없는 곳도 있었다. 불안감은 커져만 갔다. 마스크는 필수품이 됐는데 구할 곳이 없었다.

처음에는 권고 수준이던 마스크 쓰기는 정부의 지침으로 의무가

됐다. 결국 마스크는 더 구하기 힘들어졌고 시민들의 원성은 높아져만 갔다. 혼란이 계속되자 마스크 생산과 유통을 위해 정부가 나섰다. 전국 어디서나 쉽게 만날 수 있는, 동시에 배송 시스템이 잘 갖춰진 공공기관이 실무를 맡았다. 우체국이었다.

공적마스크 판매 6개월, 든든한 마을 우체국

　정부가 개입한 공적마스크 판매가 끝난 것은 2020년 8월 말이었다. 그 시기의 지역 우체국 공적마스크 판매 현장을 찾아 전북 순창으로 내려갔다. 순창군, 초행의 이 낯선 곳에 대해 아는 것이라고는 고추장이 유명한 고장이라는 정도였다. 서울에서 순창 구림면까지 가려면 우선 남원까지 KTX로 이동했다가 다시 시외버스로 순창까지, 그리고 또 버스를 갈아타야 한다. 순창에서 버스를 타고 들어갈 계획이었지만 한참을 기다려도 구림면행 버스는 오지 않았다. 스마트폰 하나로 기다리는 버스가 어디에 있는지 알 수 있는 시대이지만, 예외인 지역도 있었다. 결국 택시를 탈 수밖에 없었다.

　순창 구림면에서 처음 마주친 풍경은 넓은 밭, 그리고 낯선 이를 향해 짖어대는 강아지였다. 주민 수 2,500여 명. 두릅과 블루베리가 자라는 순창 구림면의 최대 '번화가'는 마을 입구다. 50미터 정도 되는 2차선 도로 양옆에는 농협 하나로마트, 중식당, 작은 학교가 옹기종기 모여 앉았다. 그 초입에서 낯익은 붉은색 제비 마크를 만났다. 순창구림우체국이다.

　순창구림우체국은 주로 농산물을 배송하는 일을 하는 한적한 우체국이었다. 그러다가 2020년 2월 말부터는 코로나19 예방을 위한 공적마스크 판매 업무가 더해졌다. 마스크 '품귀현상'이 한창이었던

코로나19 확산 이후
순창구림우체국에는 이런 안내문이 붙었다.

3월부터 수급이 원활해진 8월까지 공적마스크를 주민들에게 공급했다. 공적마스크 판매가 종료되는 8월 말, 순창구림우체국을 찾아 그간의 여정을 들었다. 권오태 순창구림우체국장, 박지혜 주무관을 만났다. 순창구림우체국에서 일하는 공무원은 이 두 사람이 전부다.

공적마스크 판매, '대혼란'으로 시작하다

순창구림우체국은 2020년 2월 28일부터 공적마스크 판매를 시작했다. 2월 26일 정부가 보건용 마스크의 공적판매를 결정했기 때문이다. 우체국은 판매처 중 하나로 지정됐다. 당시 코로나19 특별관리지역이었던 대구와 청도에 마스크 판매를 우선 실시하고, 읍·면지역 우체국으로 확대했다. 1인 5매, 개당 800원에 마스크를 팔았다.

약국이 없는 구림면은 우체국과 농협에서만 마스크를 살 수 있었다. 약국 시설이 갖춰진 순창 시내를 제외한 구림, 쌍치, 복흥 등 읍·면 지역은 우체국이 주민들의 마스크 공급 통로였다.

판매 초기에는 시간에 맞춰 번호표를 교부하며 마스크를 팔았다. 사람들이 한꺼번에 우체국에 몰리는 혼잡을 피하려는 의도였다. 배정된 마스크는 한정돼 있었으므로 모두가 원하는 만큼의 수량을 구할 순 없었다. 마스크를 사려다 코로나19에 감염되는 일을 방지하기 위해 거리두기도 해야 했다.

'공적마스크 5부제'를 실시하기 전인 3월 11일까지는 그야말로 혼선의 연속이었다. 마을 주민들은 우체국이 공적마스크를 어떻게 파는지 묻고, 우체국은 정부 지침을 설명하는 날들이 반복됐다. 순창구림우체국 직원들에게도 지역 주민들에게도 낯선 일이었다. 주민들은 오전 8시 전부터 나와 줄을 서서 기다렸다. 새벽차를 타고

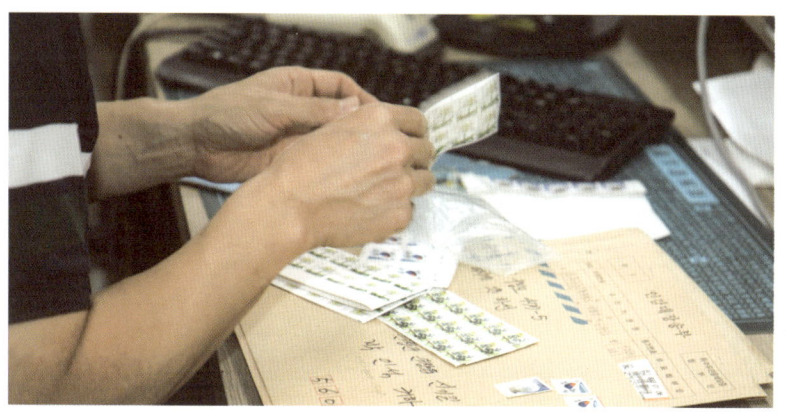

권오태 씨가 우표를 붙이고 있다.
공적마스크 판매가 마무리되고 나서는
우체국도 본래의 업무로 돌아왔다.

우체국에 온 사람들도 있었다.

"지침은 계속 바뀌고, 오시는 분들도 많이 어려워했습니다. 조반에는 우체국이 정말 시끄러웠습니다. 마스크 판매에 대한 어르신들의 고견들이 왔다 갔다 했습니다(웃음). 이미 줄은 길게 서 있고, 판매량은 정해져 있고, 우리도 물량을 무한정 확보할 수 있는 상황이 아니었습니다."

권오태 씨는 우체국에서 일하는 동안 그렇게 많은 사람들이 창구에 몰려온 적은 처음이었다고 회상했다.

"당시 날씨가 그래도 아침, 저녁은 제법 쌀쌀했습니다. 저희 공무원들이 무한정 일찍 와서 문을 열어줄 수 있는 상황도 아니었습니다. 여기 오시는 분들은 이 좁은 바닥에 쭉 주저앉아 있었습니다. 의자도 없었습니다. 공적마스크는 다 같이 나눠 가지려고 하는 건데…. 그런 부분이 참 힘들었습니다."

다행스럽게도 그때까지 순창 구림면의 코로나19 확진자는 없었다. 당시 우체국 공무원들이 특히 신경 썼던 일도 코로나19에 감염되지 않도록 하는 것이었다. 구림면에서 마스크를 판매하는 몇 안 되는 곳이 문을 닫게 된다면 혼란은 더욱 심해질 게 뻔했다. 우체국 공무원들의 각별한 주의가 필요했다. 매일 아침 방역을 하고 우정사업본부에서 마스크를 지급받았다.

작은 우체국이지만 자부심을 느낍니다

　마스크 대란은 '공적마스크 5부제' 실시로 한풀 꺾이기 시작했다. 우체국 마스크 판매도 차츰 안정돼 갔다. 마스크 공급이 원활해지자 정부는 2020년 6월 1일 공적마스크 구매 요일제를 폐지했다. 7월 10일에는 우체국의 공적마스크 판매를 종료했으나, 약국과 농협이 없는 92개 읍·면 우체국에는 8월 말까지 계속해서 공적마스크를 판매하도록 했다. 순창구림우체국도 이 92개 우체국에 포함됐다.

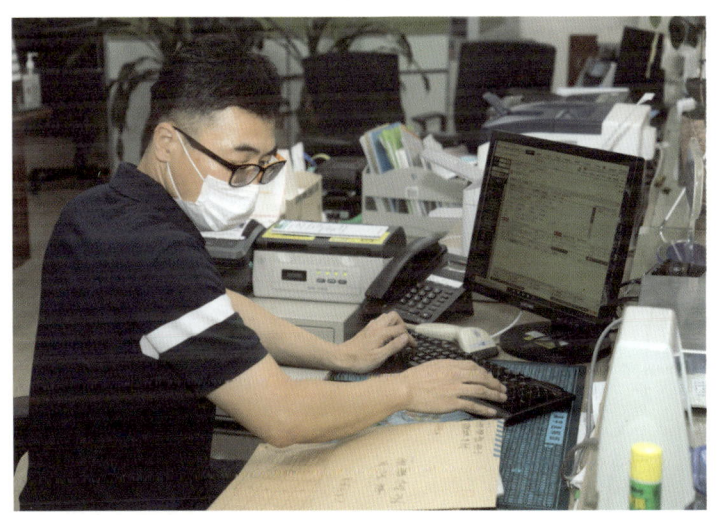

권오태 씨가 우체국에서 우편물을 등록하고 있다.

순창구림우체국에서 일하는 공무원은
권오태 씨와 박지혜 씨가 전부다.

　박지혜 씨는 2020년 7월 1일자로 순창구림우체국에서 업무를 시작했다. 공무원 시험에 합격하고 나서 일하게 된 첫 직장이다. 지혜 씨는 이번 공적마스크 판매 과정에서 우체국의 사회적 역할을 다시 생각하게 됐다고 말했다.

　"아무래도 어르신들은 코로나19에 더욱 취약할 수 있습니다. 우체국은 어디에나 있는 친숙한 국가기관 중 하나입니다. 우체국은 시골에서도 기존 창구를 이용하면서 다방면으로 방역 체계에 도움이 된 점이 큰 의의가 있다고 느꼈습니다. 이번 일은 국가가 경험을 쌓는 과정이라고 생각합니다. 자신이 맡은 일에 최선을 다하면 이 재난도 언젠간 끝이 있을 겁니다."

우정사업본부는 〈우체국 공적마스크 판매 백서〉를 통해 판매 과정과 방법, 우체국 공무원들의 애환 등을 자료로 기록하기도 했다. 마스크를 전국의 마을 우체국으로 조달하기 위해 대전우편집중국에 현장 임시사무실을 세우고, 마스크 제조업체와 협업했다. 3월 11일에는 약국이 활용하고 있던 건강보험심사평가원의 '중복구매확인시스템'을 도입해 마스크 구매 이력 등록을 실시했다. 공정한 마스크 판매를 위해서였다.

그렇게 8월 31일, 우체국에서 공적마스크 판매가 완전히 끝나는 날이 왔다. "소회를 듣고 싶다"고 말하자 권오태 씨는 담담하게 말했다.

"어려운 상황에서 시골에도 마스크를 판매할 수 있는 기관이 있으면 좋습니다. 그걸 우리가 맡아서 한 것뿐입니다. 마스크도 중요하지만 사는 행위에서도 나름 위안을 얻을 수 있습니다. 마스크가 있다는 것만으로도 든든할 수 있기 때문입니다. 매일 뉴스를 보며 지역 주민들은 코로나19가 우리 마을에 올까 많이 걱정했습니다."

"이런 사태가 또 안 오리라는 법은 없습니다. 그때 우체국이 도울 수 있는 일이 있으면 적극적으로 돕고 싶습니다. 우리는 업무가 하나 추가되는 거지만, 효용이 크다고 하면 가치 있는 일이라고 생각합니다. 올해 전국 우체국 중 677곳이 폐국 수순을 밟는다고

해 논란이 된 적이 있습니다. 돈으로 환산할 수 없는 많은 부분이 있고, 우체국은 지역에서 공적인 역할을 수행할 수 있다고 생각합니다. 이번 공적마스크 판매처럼 말입니다."

우체국 공무원들은 지역 사회의 코로나19 확산을 막기 위해 마스크를 구하고 판매하는 창구 역할을 했다. 마스크라는 매개체를 통해 주민들의 불안한 마음을 듣는 소통 창구로 역할하기도 했다. 이제 지역 주민 모두 마스크를 착용하는 일은 익숙해졌다. 구하는 일도 더 이상 어렵지 않다.

 인터뷰를 마치고 우체국을 나서는 길엔 한 할아버지가 블루베리가 가득 담긴 박스를 들고 지나갔다. 혼란 속 마스크 구매처로 자리매김했던 순창구림우체국도 다시 일상의 업무로 복귀하고 있었다. 어쩌면 코로나19 이전처럼 조용한 시골우체국으로 되돌아갈 것이다. 하지만 다시 지역에 위기가 닥치면 우체국은 이번처럼 변신할 터이다. 다만 순창구림우체국 사람들은 그런 날이 다시 오지 않길 소망한다.

박지혜 씨(왼쪽)와 권오태 씨(오른쪽)가
우체국 앞에서 마스크를 들고 서 있다.

취재 그 이후

우체국에서의 공적마스크 판매가 종료되는 날
순창구림우체국을 찾았다.
그때가 8월 마지막날이었으니 여름의 한복판이었다.
순창구림우체국에서 일하는 권오태 씨는 붕어싸만코 아이스크림을
건넸다. 기사가 나간 뒤엔 권오태 씨에게 카카오톡이 하나 왔다.
"어제 기사 잘 봤습니다. 여기저기서 전화도 오고 그랬습니다ㅋㅋ"
그렇게 공적마스크 판매도 완전히 끝나고,
우체국은 다시 일상으로 돌아갔다.
권오태 씨와 박지혜 씨에게 안부를 물었다.

취재 당시 순창은 확진자가 한 명도 없었잖아요. 지금 상황은 어떤가요?

[권오태] 2020년 초 우리나라에 첫 코로나19 확진자가 발생한 이후 바이러스가 전국으로 확산됐죠. 순창은 확진자가 한 명도 없는 청정지역이었어요. 그렇지만 이번 3차 유행 때는 여기도 코로나19를 피해가진 못했어요. 안타깝게도 순창은 2021년 1월 현재 100여 명이 넘는 확진자가 발생했어요. 지금 온 국민이 겪고 있는 불안감을 저도 매일 느끼며 생활해요.

구림면 주민들은 장기화된 코로나19에 어떻게 대처하고 있나요?

[권오태] 아무래도 3차 유행으로 주민들의 생활이 많이 위축됐죠. 그래도 작년처럼 크게 동요하지는 않는 것 같아요. 불안하지만 조용히 이번 대유행이 잦아들기를 바라고 있어요.

요새 하는 업무는 어떤 것인가요?

[권오태] 평상시랑 똑같죠. 작년 코로나19 발생으로 마스크 수급에 많은 어려움이 있어 우체국이 마스크 공적 판매를 담당했는데요. 다행스럽게 마스크 공급이 수월해지면서 우체국에서 마스크 판매는 종료됐어요. 솔직히 업무가 하나 줄어든 거죠(웃음). 지금은 이전처럼 우체국 고유 업무를 처리하고 있어요.

아직 우체국에서 마스크를 찾는 주민이 있나요?

[권오태] 이젠 우체국에 마스크를 문의하는 주민은 없어요. 그렇다 보니 특별한 에피소드라고 딱히 생각나는 게 없는데…. 어느 노부부가 생각나네요. 그분들은 미국에 사는 자녀에게 마스크를 보내야 하는데 어떻게 하면 되냐고 우리 우체국을 찾아왔어요. 마스크를 구입하고 포장해 국제 특급으로 보내드렸어요. 시간이 지난 뒤 자녀들이 안전하게 마스크를 받았고 노부부는 고맙다는 인사차 다시 찾아왔어요. 그때 이런저런 이야기를 나누었는데, 멀리 떨어져 있는 자녀를 걱정하며 보고싶은 마음을 억누르는 부모님의 애틋한 마음을 느낄 수 있었어요.

코로나19와의 전쟁 1년, 공무원에 대한 우리 사회 인식변화에 공감하시나요?

[박지혜] 방역 현장에서 일하고 있는 공무원들을 위해 지역 주민들이 자발적으로 간식과 커피 등을 배달해 주는 장면을 뉴스에서 본 적이 있어요. 소셜 네트워크 서비스를 통한 응원 챌린지도 유행했잖아요. 또 방역 담당 공무원의 처우를 개선하고 휴식을 보장해 주려는 개정안이 통과되는 것을 보면서 이런 사회적 움직임은 국가와 국민이 공무원 노동자들의 헌신과 노고를 인정해 주는 것 아닐까 하는 생각이 들었어요.

앞으로 공무원노동자는 우리 사회에서 어떤 역할을 해야 한다고 생각하시나요?

[박지혜] 모든 국민들도 마찬가지겠지만 공무원노동자는 정부 지침을 앞장서서 지킬 수 있어야 한다고 생각해요. 코로나19 영향으로 최근에 국민 접점 공무원 채용을 늘린다는 보도를 보게 됐어요. 지금과 같은 재난 시기에 국민들에게 공무원 역할이 얼마나 중요하고 큰지를 보여주는 것 같네요. 공무원은 공공서비스가 중단 없이 제공될 수 있도록 국가와 국민 사이에 다리가 돼줘야 해요.

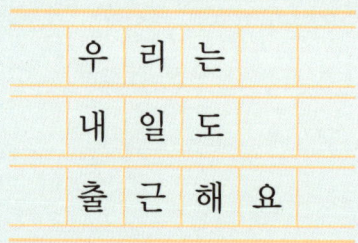

우리는
내일도
출근해요

경북 청도교육지원청
코로나19 비상대책반

교육청은 어쨌든 학생이 우선

 2020년 2월 말 코로나19 위기경보가 '심각' 단계로 격상했다. 중앙재난안전대책본부는 전국의 모든 초·중·고등학교의 개학 및 입학을 연기했다. 단 한 번도 없었던 초유의 사태였다. 정부가 사회를 멈추자 보호자들은 당황했다. "그럼 학교는요? 우리 애는요?"
 두 달이 지난 5월 고3부터 순차적으로 등교를 시작했다. 단계적으로 온라인 개학도 시행됐다. 여전히 학생과 보호자들은 불안에 떨었다. 학교에 보낼 수도, 안 보낼 수도 없는 난감한 상황이 이어졌다.
 교육청은 반복되는 개학 연기와 등교 속에서 중심을 잡아야 했다. 학생 한 명이 감염될 경우 파장을 예상할 수 없었다. 학교가 코로나19 감염 진원지가 되는 상황은 막아야 했다.

일선 교육 현장의 현실을 확인해 보고 싶었다. 가장 큰 어려움을 겪었던 경북지역, 그중에서도 청도교육지원청을 방문하기 위해 8월 즈음부터 교육청과 연락을 시작했지만, 한 달 넘게 일정 조율이 어려웠다. 교육청을 취재하는 건 괜찮지만 외지인이 교육청을 방문한 이후 생길 수 있는 문제에 대한 걱정 때문이었다. 결국 10월에야 경북 청도교육지원청으로 향할 수 있었다. 경북 청도교육지원청 코로나19 비상대책반과 이야기를 나눴다.

코로나19로부터 학교를 사수하라!

'코로나19에 맞선 공무원들' 기획을 시작하며 보건복지부 국립정신건강센터 공무원들을 처음 만났다. 이들은 청도와 대구에 파견돼 업무를 수행했다. 청도 대남병원은 국내 코로나19 첫 사망자가 나온 곳이었다. 그렇게 코로나19가 들불처럼 번지던 시기, 병원 밖 청도 주민들도 불안한 건 마찬가지였다.

청도교육지원청은 특히 신경을 곤두세웠다. 매일같이 청도는 언론 보도의 중심에 섰다. 인근 대구에서도 코로나19 확진자가 급증하자 청도 거리는 텅 비었다. 교육청의 주안점은 무엇보다 '학교를 코로나19로부터 지키는 것'이었다. 대남병원에 확진자가 발생했을 때 코로나19 비상대책반이 먼저 물었던 질문도 '확진자 중 학교에 다니는 자녀가 있는 사람은 없나?'였다.

교육청은 코로나19 비상 대책반을 별도로 만들어 코로나19로부터 학교를 사수하기 위한 노력에 돌입했다. 학교급식, 환경관리, 보

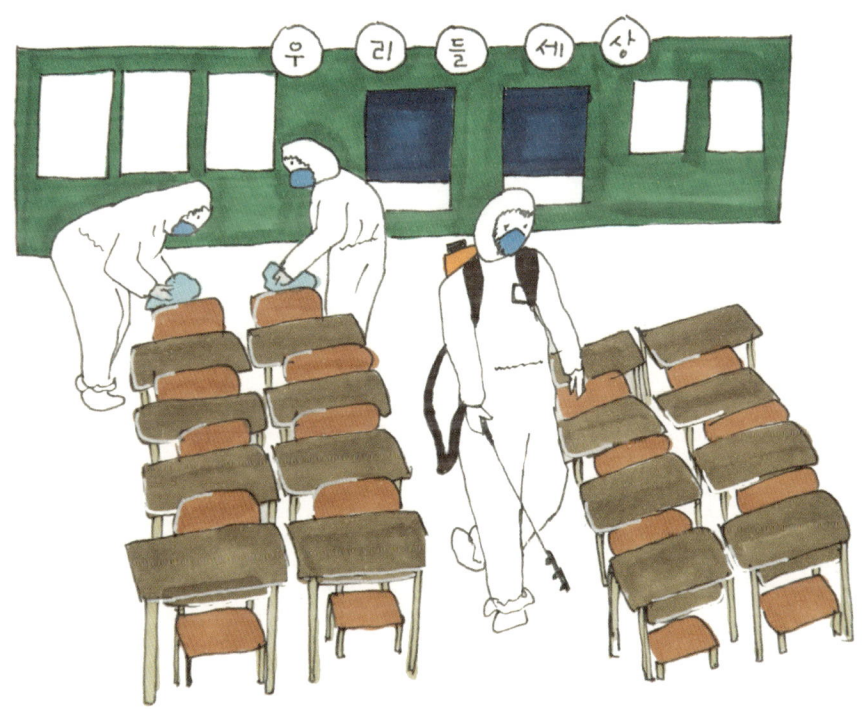

건 등의 업무를 맡았던 경북 청도교육지원청 건강증진팀이 코로나19 비상대책반의 중심 역할을 맡았다.

코로나19 비상대책반은 2020년 1월부터 비상근무를 시작했다. 청도교육지원청 내에 있던 건강증진팀 중심으로 만든 팀이기에 기존 업무와 함께 코로나19 대응을 병행했다. 본래 있던 건강증진팀 책상은 텅 비었다. 코로나19 비상대책반은 작은 회의실에 따로 사무실을 꾸렸다. 청도교육지원청 내에서도 별도로 격리된 곳이었다. 교육청에서 일하는 공무원이 코로나19에 감염된다면 학교의 방역에는 큰 문제가 생길 수밖에 없다.

늘 긴장상태예요

코로나19 비상대책반 서진민 보건교사는 2020년 1월부터 청도교육지원청에 출근했다. 본래는 보건교사가 미배치된 학교에서 보건교육을 담당하는 교사였다. 코로나19가 국내에 확산하면서 그의 업무도 달라졌다. 매일 학교의 코로나19 상황을 교육청에 전달하는 창구 역할을 했고, 다른 보건교사와 소통하며 학생들의 상태도 살폈다. 보건교사의 상황이 여의치 않으면 직접 확진 학생에게 전화하기도 했다.

"늘 긴장상태예요. 매뉴얼이 와도 학교마다 발생하는 문제가 다르니까 혼선이 많았죠. 체계가 제대로 잡힌 게 아니니까 융통성을 갖고 중재하는 게 제일 힘들었어요. 선생님들도 이런 상황이 처음이니까…. 특수 상황이잖아요. 대남병원 안에서 근무하시는 분들도 누군가의 부모님일 수 있는데, 학생에게 영향을 미칠 수 있는 거죠. 무엇보다 학생이 중심이 돼야 했어요."

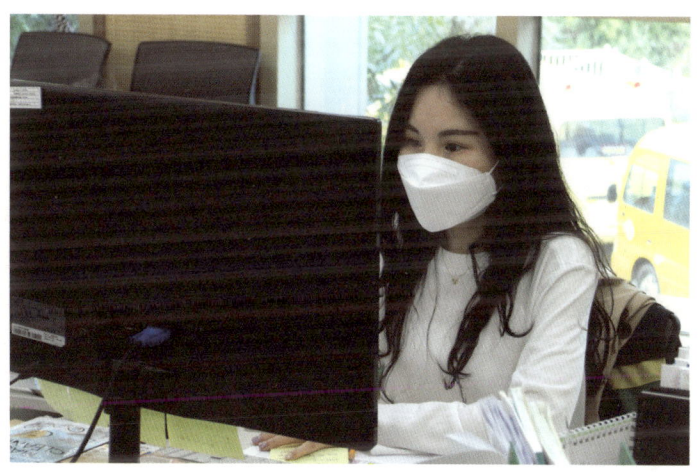

서진민 보건교사

서진민 씨는 코로나19 확진자가 접촉했던 교직원·학생들의 검사를 돕는 역할을 맡았다. 청도 학교 구성원 중 코로나19 확진자는 3명이었다. 교사 1명도 확진 판정을 받았다.

학교 내 방역체계를 구축하는 일은 교육청 전체의 몫이다. 등교 시 발열체크부터 손을 씻는 방법까지 신경 썼다. 방역물품을 마련해 학교에 전달하고 관리했다. 이들은 각 학교에 총 열 차례에 걸쳐 방역물품을 지원했다. 코로나19 확진자가 학교에서 나왔을 때는 학생들을 격리조치 했다.

이선주 주무관

과하다 싶은 대응이 비결

코로나19 상황에서는 학교에 가도 문제, 안 가도 문제였다. 학교에 간다면 학생들이 감염 위험에 노출될 수 있었다. 그렇다고 등교를 무기한으로 연기할 수도 없는 노릇이었다. 교육과 돌봄 공백 문제는 꾸준히 제기됐다.

청도교육지원청은 '가능한 안전하게'를 최우선 목표로 삼았다. 돌발상황이 생겼을 때도 여러 가능성을 먼저 생각했다. 방역당국에서 코로나19 확진 의심자가 있다면 보름간 격리하라는 지침이 내려왔지만, 대책반은 처음에 음성이더라도 양성으로 바뀔 가능성을 우려했다. 매뉴얼에는 없지만 학교에 오지 말라고 권고했다. 코로나19 검사를 받으면 일주일 정도 등교를 자제시켰다. 이러한 대응에 각종 민원들도 발생했다. 보호자들을 설득하는 것도 교육청의 업무 중 하나였다.

청도에 있는 모든 학교를 소독해야 했지만, 처음에는 마땅한 지원을 받지 못했다. 손이 모자라지 않는 곳이 없었기 때문이다. 코로나19 비상대책반은 약품과 장비를 구매한 후 군부대와 협업했다. 교육청에서는 아이디어를 하나 냈다. 청도에는 드론 동호회가 있었다. 동호회에 협조를 구했다. 그들은 흔쾌히 응했다. 학교 외부 방역을 위한 드론이 청도 하늘을 누볐다.

청도는 경산, 대구와 인접해 있다. 근처 지역 학생들도 청도 학교를 같이 다닌다. 게다가 고등학교부터는 전국 단위로 기숙사 모집을 받는다. 비상대책반은 전국의 학생들이 한 기숙사에서 학교생활을 시작하기에 앞서 고등학생과 교직원을 대상으로 코로나19 전수검사를 실시했다. 기숙사에 입소하기 전, 학교 마당에서 검사를 진행했다. 검사 일정은 2회로 나눴다. 5개의 청도 기숙사고등학교 학생과 교직원을 다 합치니 970명 정도였다.

현재 팀원은 4명이지만, 검사 당시에는 휴직자가 있어 일정을 소화하기 쉽지 않았다. 코로나19 비상대책반의 이선주 씨는 2020년 7월 다시 업무에 복귀했다. 그는 2020년 초부터 병가를 냈지만, 코로나19가 국내에 확산되고 나서는 '가시방석'에 앉은 기분이었다. 이선주 씨는 "빨리 일터에 다시 가야 한다는 생각밖에 안 들었어요. 내 업무는 다른 사람이 다 해야 하고, 새로운 사람이 올 상황은 안 됐죠. 미안한 마음이 들었어요"라고 회상했다. 휴직을 하고 싶어도 '내가 쉬면 다른 사람이 힘들다'는 생각 때문에 편히 쉴 수 없었던 것이다.

이 많은 업무를 교육청 혼자 할 수는 없었다. 청도 공무원 조직은 유기적으로 결합했다. 연락체계를 구축하고 정보를 공유했다. 함께 했을 때 나오는 시너지가 있었다.

팀원들이 버틸 수 있었던 힘은 '신뢰'

김광현 팀장은 "해이해질 수가 없다"고 말했다. 그는 고생하는 팀원들이 고맙다.

"요즘 코로나19가 조금 잠잠해지면서 다들 밖에도 조금씩 나가고, 행사도 계획하는 것 같아요. 그런데 우리는 그럴 수가 없어요. 집, 사무실, 집, 사무실. 우리도 사람인데…. 참는 것, 그게 힘들더라고요. 특히 우리는 방역 담당자이기 때문에 어디 가서 감염 될까 하는 불안감과 책임감이 부담으로 작용하죠. 서로 신뢰가 없었다면 못 버텼을 거예요. 팀원들에게 너무 고맙죠."

김광현 팀장

코로나19
비상대책반 사람들

 코로나19 비상대책반은 여전히 비상근무 중이다. 보통 평일에는 저녁 8시까지, 주말에는 6시까지 일한다. 매일 밥을 사 먹을 수가 없어 교육청 회의실 냉장고에는 반찬이 가득하다. 밥은 각자 집에서 가져와 소분한 후 얼린다. 서진민 씨는 인터뷰가 끝난 뒤 "우리는 내일도 출근해요"라며 싱긋 웃었다. 서진민 씨가 말한 '내일'은 10월 9일 한글날이었다. 인터뷰가 끝난 뒤 그들은 말 없이 각자의 자리로 돌아가 '비상근무'를 이어갔다.

취재 그 이후

외딴 섬 같았다. 청도교육지원청 코로나19 비상대책반의 자리는
다른 팀과 뚝 떨어진 회의실에 덩그러니 마련돼 있었다.
그들마저 코로나19에 감염된다면
교육청 전반의 업무는 마비된다.
점심도 따로 먹었다.
한 팀원은 냉장고 문을 열어 쌓인 반찬통을 보여줬다.
저녁을 먹고 다시 일하는 건 이들에게 너무나 당연했다.
교육청은 여전히 안심할 수 없다.
당시 비상대책반을 이끌었던 김광현 씨에게
이메일을 보냈다.

코로나19가 끝날 기미를 보이지 않네요.

저도 바쁜 시간을 보내고 있어요. 확진자가 발생하면 확산 방지를 위해 총력을 기울이고, 상대적으로 조금 조용한 시기에는 학교의 방역물품을 재정비하죠. 확진된 학생들에게 전화를 걸어 상담을 하기도 해요. 불안해하고 있을 학생들에게 격려를 전하려고 노력해요. 학교는 밀집생활이라 전파 위험성이 높아요. 성인이 아니라 학생이라는 특수성도 있어요. 교육청은 항상 긴장의 끈을 놓지 못하고 있어요.

포항에서 업무를 시작하셨다고 들었어요. 그래도 청도교육지원청 팀원들의 안부가 궁금해요. 다들 잘 지내시나요?

올해 1월 1일자 인사이동으로 정규직들은 모두 타 시·군으로 이동했어요. 저도 포항으로 발령이 났어요. 기간제로 근무하시던 분들은 모두 힘이 들어 그만둔 상태예요. 교육청 소속 보건업무 담당자들은 다른 지역으로 이동해도 같은 업무를 맡고 있어 피로도가 상당하다고 하네요.

당시 비상근무 중이셨는데요. 지금 청도 상황은 어떤가요?

　청도교육지원청은 여전히 비상근무 중이에요. 2020년 상반기 학생 확진자는 없었으나, 최근에는 가족 간 전파로 확진자가 늘어나고 있어요. 학생 확진자가 나오면 학교를 전수검사 해야 하는데 업무도 많고, 전수검사 할 때 보호자의 민원도 빈번해 팀원들은 육체적·정신적 어려움을 겪는 거죠. 또 비상근무를 해야 하는데 청도 인근 식당들이 코로나19로 영업을 중단해 끼니 해결도 힘들다고 하네요.

매년 상반기엔 졸업식이나 입학식 등 사람이 많이 모이는 행사가 있는데, 교육청은 어떻게 대응하실 건가요?

　솔직히 방역을 담당하는 공무원인 저는 모두 비대면으로 하면 좋겠어요. 그렇지만 각 학교의 사정이나 학생들을 생각하면 방역수칙을 철저히 준수하는 범위 내에서 행사를 하는 학교도 있을 거예요. 교육청에서는 각 학교의 방역수칙 준수사항을 사전에 공지, 점검하고 필요한 방역물품을 지원하는 등 예방에 중점을 둘 거예요.

공무원노동자에 대한 우리 사회 인식 변화에 공감하시나요?

　당연하죠. 흔히들 공무원들에게 '철밥통'이라고 이야기를 많이들 하시는데요. 공무원 전체가 매도될 때 안타까운 마음이 드는 게 사실이에요. 현장에서 묵묵히 맡은 업무를 수행하고 있는 대다수 공무원들의 사기를 떨어뜨리는 언행이 줄어들었으면 하는 바람이에요. 물론 공무원이 나태해지지 않도록 견제와 질책이 때로는 필요하겠지만, 공무원으로서 책임감을 가지고 성실히 업무에 임할 수 있도록 격려와 응원을 해주시면 좋을 것 같아요.

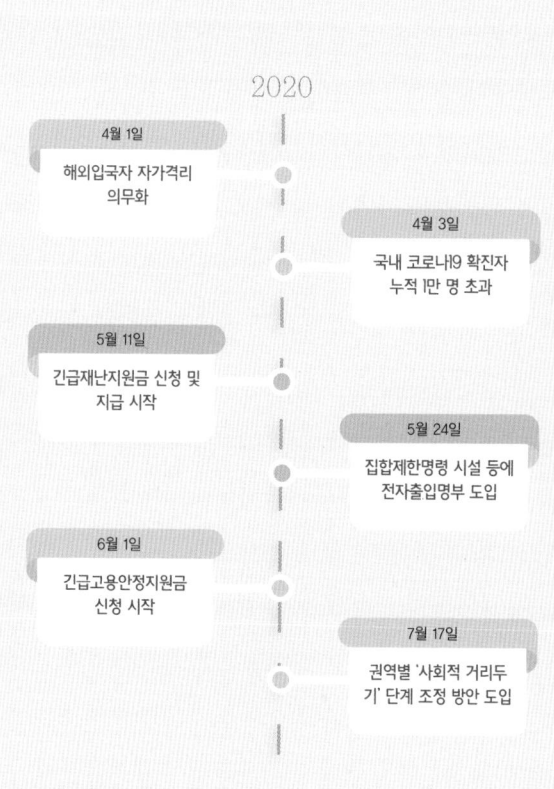

COVID19

2

내 일이 누군가의 일상을 지킬 때

4월에서 8월까지

코로나19 국내 유행 초반, 사람들은 대구·경북지역 방문을 피하면 그나마 안전하다고 여겼다. 사회적 노력이 이어지자 정부는 '사회적 거리두기'를 '생활 속 거리두기'로 전환했다. 신천지발 코로나19 1차 대유행이 이느 정도 진정 국면에 접어들었기 때문이다. 그러나 5월 이태원클럽발, 8월 서울 성북구 사랑제일교회발 코로나19 집단감염이 전국으로 확산하자, 수도권의 '사회적 거리두기'가 2단계로 격상됐다.

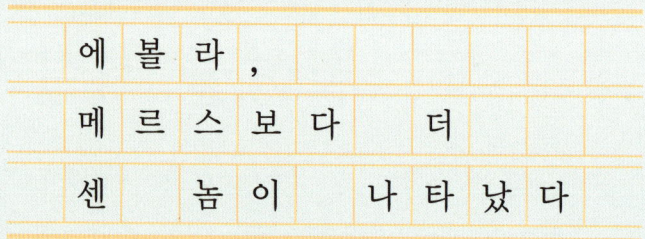

부산 선별진료소

10시 43분, 첫차 올 때 됐습니다

누군가 외쳤다. 2020년 8월 27일 오전 10시 40분, 부산역 부산유라시아플랫폼에 마련된 사무실이 갑자기 분주해졌다. 처음 출근한 행정요원과 담소를 나누던 선별진료소팀원 모두는 N95 마스크와 비닐로 만든 일회용 방호복, 수술용 장갑을 착용했다. 푸른색의 레벨D 방호복을 입고 그 위에 일회용 비닐 방호복을 입는 사람도 있었다. 오전 8시 서울에서 출발해 10시 43분 부산에 도착하는 KTX 17~18호차에 인천국제공항을 통해 입국한 해외입국자가 격리돼 있기 때문이다. 해외입국자가 코로나19 검사를 받고 격리 장소로 이동할 때까지 부산 지역사회와의 접촉을 막는 일은 부산역 해외입국자 전용 선별진료소의 몫이다.

"정부에서 모든 해외입국자에게 코로나19 검사를 하겠다고 발표하고, 4월 6일 부산역에 해외입국자 전용 선별진료소를 설치했습니다."

박순경 부산시 건강관리팀장의 설명이다. 정부 방침에 따라 해외입국자는 자신의 최종 행선지인 해외입국자 전용 선별진료소에서 코로나19 검사를 받아야 한다. 부산의 해외입국자 전용 선별진료소는 부산역 부산유라시아플랫폼에 있다. 각 사무실에는 수송지원팀, 선별진료소팀, 두리발 수송팀이 자리를 잡았다.

KTX 도착 시간이 되면 수송지원팀은 플랫폼으로 달려간다. KTX보다 먼저 플랫폼에 도착해 KTX에서 내릴 해외입국자를 별도의 동선을 통해 선별진료소로 데려가야 하기 때문이다. 수송지원팀은 부산시청 각 실국에서 돌아가면서 파견을 나온다. 이들이 해외입국자를 안전하게 선별진료소로 데려가면, 선별진료소팀이 활약할 차례다.

해외입국자의 문진표 작성, 체온 측정, 자가격리를 위한 장소를 확인하는 일 모두 선별진료소팀이 맡는다. 선별진료소팀은 3개 조로 운영된다. 각 조는 의사 1명, 간호사 2명, 행정요원 3명, 지원인력 2명으로 구성됐다. 검체 채취는 선별진료소팀에서도 일부만 할 수 있다. 검체 채취는 '진단'의 영역이기에 의료법상 면허 범위 내의 료행위에 해당한다. 그래서 검체 채취는 각 조당 3명뿐인 의사와 간호사만 할 수 있다.

95 에볼라, 메르스보다 더 센 놈이 나타났다

부산역 선별진료소에서는 동시에 3명의 검체를 채취할 수 있다. 2개의 음압부스와 1개의 의자가 있기 때문이다. 이렇게 채취한 검체는 검사자가 수거 업무를 맡은 선별진료소 지원인력에게 가져다 준다. 검체를 제출한 검사자는 대기실로 이동한다.

검사자는 대기실에서 격리 장소로 이동할 교통수단을 기다린다. 보통 가족이 자차로 검사자를 집으로 데려가지만, 그게 여의치 않은 검사자는 두리발 수송팀의 도움을 받아 격리를 위한 장소로 향한다. 두리발 수송팀은 부산시의 장애인 특별교통수단인 두리발 택시기사로 구성된 해외입국자 수송지원팀이다. 두리발 택시를 이용하기에 두리발 수송팀이라는 이름이 붙었다. 부산시는 부산역에 해외입국자 전용 선별진료소가 설치되기 전부터 부산시설공단이 운영하는

부산역 해외입국자 전용 선별진료소는
문진표를 작성하는 곳이 가장 왼쪽에 있다.

두리발 택시를 이용해 해외입국자 수송을 지원했다.

부산에 격리 장소가 마련된 해외입국자는 별 문제가 없다. 하지만 가족과 동선 분리가 어렵거나 검사자가 혼자 지낼 장소가 없으면 임시격리시설로 이동한다. 부산시 임시격리시설은 부산역 인근 라마다호텔에 마련돼 있다. 격리기간 중 격리자와 지역사회를 분리하기 위해 임시격리시설에는 관리팀이라는 이름으로 공무원을 파견한다.

인천국제공항을 통해 부산으로 오는 해외입국자가 탈 수 있는 부산행 KTX는 하루 11대. 오전 10시 43분 부산에 도착하는 KTX가 첫차, 새벽 1시 3분에 도착하는 KTX가 막차다. 첫차가 도착하기 전인 오전 9시부터 막차가 도착한 이후인 새벽 3시까지 선별진료소의 불은 꺼지지 않는다. 선별진료소팀은 주간 조, 야간 조, 휴무 조로 운영된다.

박순경 팀장님, 과로 때문에 며칠 전에 겨우 복귀하셨어요

부산역에서 만난 한 부산시 공무원이 박순경 팀장의 업무량과 건강상태를 걱정하며 말했다.

부산의 코로나19 대응은 29명이 함께 일하는 부산시 건강정책과에서 책임진다. 부산의 16개 보건소와 부산역 선별진료소 운영, 관리는 건강정책과 중에서도 3명의 건강관리팀 소속 공무원이 담당한다. 3명이 17개의 선별진료소를 직접 운영한다는 건 사실상 불가능하다. 그래서 부산역 선별진료소는 공로연수 중인 간호공무원과 22명의 지원 인력 등 다양한 사람의 손을 빌려 운영 중이다.

부산광역시청 건강관리팀을 이끄는 사람은 박순경 씨다. 공직 생활을 30년도 넘게 했지만, 과로로 병원에 입원한 건 이번이 처음이다. 바이러스로 인한 호흡기 감염증의 유행을 처음 겪은 것도 아니다. 박순경 팀장은 2014년 에볼라 바이러스와 2015년 메르스를 막아낸 중추적인 인물이다. 그런데 끝날 듯 끝나지 않는 코로나19와의 전쟁에서는 먼저 쓰러지고 말았다.

부산역 해외입국자 전용 선별진료소가 문을 연 건 2020년 4월 6일, 부산역 선별진료소에서 박순경 씨를 만난 건 8월 27일이었다. 8월 27일 새벽(8월 26일 막차)까지 부산역 선별진료소에서만 1만 7,270명이 코로나19 검사를 받았다. 부산 관내 16개 보건소에 설치된 선별진료소까지 확대하면 그 수는 폭발적으로 늘어난다.

"부산역 선별진료소 설치하고 3주 동안은 거의 라마다호텔에 있는 관리팀 숙소에서 잤어요. 방이 2개 배정됐는데 침대가 총 4개예요. 관리팀 인원은 7명이고요. 1인용 침대 하나에 두 명이 쪽잠을 자는 상황인 거죠. 가뜩이나 침대보다 사람이 많은데 저까지 보태니 미안하더라고요. 어떤 날은 구석에서 정말 눈만 붙였다가 일어나기도 했죠."

박순경 씨가 부산역 선별진료소에 갖는 애착은 남다르다. 선별진료소가 문을 연 뒤 3주 동안은 집에 가지도 않고 선별진료소 운영에 매달렸다. 선별진료소를 맡길 노동자 역시 박순경 씨가 직접 뽑았다. 선별진료소 운영 시스템 정착과 선별진료소팀원들의 감염 노출 예방을 위해 박순경 씨는 4월 6일부터 두 달 동안, 매일 새벽 3~4시까지 부산역 선별진료소를 지켰다. 선별진료소 구석구석 박순경 씨의 손길이 닿지 않은 곳이 없다.

팀장이라는 직책이 주는 책임감과 함께 일하는 선별진료소팀원들이 조금이나마 더 쉬었으면 하는 마음에서 박순경 씨는 새벽 1시 3분, 부산에 도착하는 KTX에 탄 해외입국자의 코로나19 검사가 마무리되면 선별진료소팀원들을 퇴근시켰다. 더 늦은 시간까지 해야만 하는 사무실 정돈은 박순경 씨가 도맡았다.

여느 때처럼 선별진료소팀원들을 집으로 보낸 뒤, 홀로 남아 사무실을 정리하던 박순경 씨는 혼비백산했다. 누군가가 어두운 사무실의 문을 두드렸기 때문이다. 혹시 모를 상황에 대비해 박순경 씨는 사무실에 있는 모든 의자를 모아 문을 막고 문을 두드리는 소리가 그칠 때까지 어둠 속에서 혼자 떨어야 했다. 박순경 씨를 두려움에 떨게 했던 새벽의 문 두드리는 소리는 술에 취한 노숙인이 화장실을 찾기 위한 것이었다. 이날 이후 박순경 팀장은 야간 조 선별진료소팀원들과 함께 사무실을 정리하고 퇴근했다.

2020년 8월 27일 부산 도착이 예정된
해외입국자 수 현황판

　매일 18시간 이상 코로나19 대응에만 매달렸던 박순경 씨는 결국 탈이 났다. 과로를 버티지 못한 몸이 그만 신호를 보내온 것이다. 공직생활 30년 만에 처음으로 구급차를 타고 입원한 박순경 씨지만, 자신이 빠지면서 생길 업무 공백이 염려돼 제대로 쉬지도 못했다. 퇴원한 이후에도 발바닥은 족저근막염에 걸린 것처럼 아프고 온몸은 흠씬 두들겨 맞은 것 같았다. 그는 파리한 얼굴로 다시 선별진료소 현장을 돌았다.

　박순경 씨는 선별진료소 현장에 가지 않을 때 사무실에서 코로나19 발생 이전부터 담당하던 업무를 처리한다. 선별진료소 상주 전임자를 구한 후, 박순경 씨가 직접 선별진료소 현장을 도는 횟수는 줄었다. 그렇지만 여전히 박순경 씨는 매일 늦은 밤까지 코로나19로부터 부산을 지키기 위해 일한다. 박순경 씨의 동료들도 그렇다.

광복절이 부산에 일으킨 나비효과

　부산역 인근에서 도시락으로 점심을 해결한 박순경 씨는 부산진구보건소로 향했다. 광복절 이후, 부산진구에는 비상이 걸렸다. 연일 코로나19 확진자가 생겼다. 8월 26일에 코로나19 확진 판정을 받은 부산진구민은 5명이나 됐다. 27일에도 한 명이 추가로 확진됐다. 27일에 코로나19 검사를 받았던 부산진구민 2명은 다음날 코로나19 확진자 명단에 그 이름을 올렸다.

　부산진구보건소 앞에 마련된 선별진료소에는 검사 대기자가 줄지어 앉아 있었다. 부산진구의 어느 쪽방촌 주민이 8월 15일 광화문

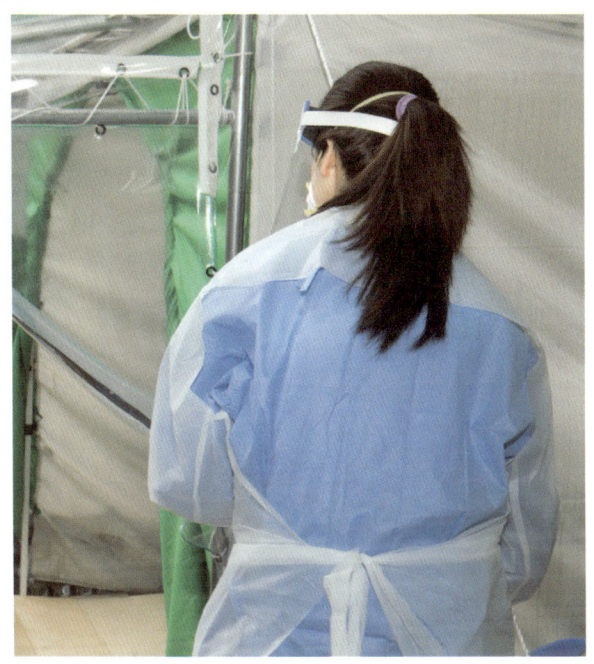

부산진구보건소의 간호공무원 김지원 씨가
코로나19 검사를 안내하고 있다.

에서 있었던 광복절 집회에 다녀왔다는 제보가 들어왔기 때문이나. 부산진구보건소에서는 쪽방촌 주민에게 코로나19 검사를 받을 수 있게 안내했다. 부산역 선별진료소에서도 마찬가지로 노숙인이 광복절 집회에 다녀왔다는 제보를 입수했다. 부산역 선별진료소에서는 해외입국자가 도착하지 않는 시간을 활용해 노숙인을 대상으로 코로나19 검사를 진행했다.

"광복절 전까지 부산진구 (코로나19) 확진자는 14명이었는데, 광복절 이후 12일 동안에만 스무 명이 넘었어요. 확산 속도가 너무 빨라요. 그래도 오늘은 검사할 사람이 많은 편은 아니라…. 한진중공업 영도조선소에서 19일에 코로나19 확진자가 나왔거든요. 그래서 지난 주말에는 조선소 사람 모두가 코로나19 검사를 받았어요."

정규석 부산진구보건소 소장이 말했다. 부산진구 선별진료소의 주말은 짧다. 주말에는 보통 오전 9시부터 오후 2시까지 선별진료소를 운영하지만, 한진중공업 영도조선소 전수조사 때는 평일처럼 오후 6시까지 운영 시간을 늘려야 했다. 100명도 넘는 인파가 저마다 마스크를 쓰고 길게 줄지어 서서 코로나19 검사 순서를 기다렸기 때문이다. 쪽방촌 주민에게 코로나19 검사를 독려했던 8월 25일부터 27일까지 부산진구 선별진료소를 찾은 사람은 550여 명에 달했다. 자연히 부산진구 선별진료소를 꾸려가는 사람들의 수고도 이어졌다.

부산진구 선별진료소 곳곳을 살피며 더 필요한 건 없는지 확인하던 박순경 씨는 전화 한 통을 받았다. 코로나19 확진자가 발생한 부산진구의 한 목욕탕 이용자를 전수조사한다는 내용이었다. 박순경 씨는 정규석 씨에게 위로의 말과 함께 통화내용을 전했다. 정규석 씨 역시 박순경 씨에게 위로와 격려를 보냈다.

코로나19가 끝나면 하고 싶은 거요?

"코로나19가 종식되면 다시 병원으로 돌아가야죠."

7월, 부산역 선별진료소에 합류한 양대건 씨가 말했다. 양대건 씨는 부산역 선별진료소에 오기 전, 부산의료원에서 공중보건의와 양산부산대병원에서의 인턴 수련을 마쳤다. 인턴 수련이 끝나고 잠시 쉬던 중, 부산역 선별진료소에 합류했다. 검체 채취 과정에서 콧속으로 들어온 면봉을 치거나 욕과 고성을 내뱉는 검사자가 있어 힘들 때도 있지만, 양대건 씨는 코로나19가 종식되면 병원으로 돌아가 삶과 죽음의 경계를 오가는 응급의학과 전공의에 지원할 생각이라고 했다.

양대건 씨와 함께 부산역 선별진료소에 합류한 허기남 씨는 원래 여행사를 운영했다. 코로나19로 인해 하던 일을 할 수 없게 됐지만,

역설적으로 코로나19로 사람이 필요한 부산역 선별진료소에서 일하게 됐다. 허기남 씨는 코로나19가 종식돼 다시 여행사를 운영할 수 있는 날이 오길 고대하고 있다.

여행사를 오래 운영해 사람 상대만큼은 베테랑인 허기남 씨도 장시간 비행에 지친 검사자의 짜증과 하소연이 이어질 때는 힘이 쭉 빠진다. 그래도 '공적인 일을 하니까'라는 생각에 참는다.

"여기(부산역 선별진료소)에서 일하면서 공무원의 일에 대해 다시 생각해 보게 됐어요. 드물지만, 지나가다가 고생한다고 인사해 주는 시민이 있으면 즐겁기도 하고요. 앞으로 공무원한테 한 번 더 인사하게 될 것 같아요."

9살과 5살 두 아이 아빠인 정규석 씨는 "우리 애들 자는 모습만 보죠"라고 말했다. 얼마 전, 아이들이 아빠와 함께 놀이터에 나온 친구를 보면서 "우리 아빠는 보건소에 있는데…." 하며 부러워했다는 말을 전해들었다는 정규석 씨는 누구보다도 간절하게 아이들과의 시간을 바랐다.

부산진구보건소에 마련된 선별진료소에서 밀려드는 검사자의 검체를 채취하던 간호공무원 김지원 씨는 "마스크만 좀 벗고 생활하고 싶어요"라고 말했다. 그녀는 2월 부산 아시아드요양병원 코호트 격리가 결정되던 깊은 새벽, 전화를 받고 부랴부랴 부산 아시아드요양병원으로 가 2주간 격리생활을 해야 했다. 머릿속에는 검사자의 빠른 검체 채취만 남은 김지원 씨에게 코로나19 종식은 신기루처럼 아른거리는 것일 뿐이었다.

마지막으로 누구보다도 지쳤을 박순경 씨에게 물었다.

"저요? 글쎄요. 코로나19가 끝난다면, 휴대폰도 두고 어디 산속에 틀어박혀서 쉬고 싶어요. 누구에게도 방해받지 않고 푹 쉬고 나면 체력도 좀 회복되지 않겠어요?"

취재 그 이후

부산 선별진료소로 취재를 떠나기 전날,

가장 크게 들었던 생각은 두려움이었다.

혹시나 감염되면 어쩌지?

내가 감염돼서 또 누군가를 감염시키면 어떡하지?

기우였다. 취재원, 그중에서도 박순경 씨의 철저한 관리 덕분이었다.

얇은 반팔 한 장만 입어도 숨이 턱턱 막히는 듯한 8월,

일회용 방호복과 N95 마스크로 무장한 사람들의 모습에

절로 숙연해졌다.

취재 당시와 정반대의 계절을 지내고 있을 부산 선별진료소.

그들은 어떤 날을 보내고 있을까?

박순경 씨와 연락이 닿았다.

취재를 마친 후 시간이 좀 흘렀습니다. 어떻게 지내셨나요?

　　취재 후 달라진 게 있다면, 부산역 선별진료소팀원의 변화겠죠. 인턴 생활을 마치고 선별진료소에 합류한 양대건 선생님은 병원으로 돌아갔어요. 그 외에도 세 분의 의사선생님이 2월부터 병원으로 돌아가셨죠. 취재 때 만나진 못했지만, 세 아이의 아빠였던 간호사 선생님은 안타깝게도 최근에 위암수술을 받으셨어요. 그 외에도 직원 변동이 많았습니다.
　　취재 당시 부산역 선별진료소는 해외입국자 전용 선별진료소였는데, 지금은 일반 시민도 이용할 수 있는 임시선별진료소 역할도 함께 하고 있어요. 일일 검사자 수가 400~500명으로 늘었습니다. 그러면서 7명의 새로운 직원을 추가로 채용해 함께 선별진료소를 꾸려가고 있습니다.
　　부산진구보건소 식구들은 여전히 많은 고생을 하고 계세요. 특히 부산진구에서는 음악학원에서 집단감염이 발생하면서 많은 확진사가 나왔거든요. 정말 전쟁을 치렀어요. 게다가 부산진구에는 부산에서 가장 유동인구가 많은 서면이 있거든요. 부산진구보건소는 서면 전포 카페거리 인근에 임시선별진료소를 설치해 운영 중이에요. 이곳은 부산시의 임시

선별진료소 중 일일 검사자 수가 가장 많은 곳이라 고생이 크죠.

부산은 수도권과 대구·경북지역 다음으로 코로나19 확진자가 많이 발생한 지역입니다. 부산은 현재 어떤가요?

취재 직후인 9월 1일, 부산시는 시민방역추진단 3개 팀을 신설했습니다. 좀 더 체계적인 업무를 추진할 수 있는 기반을 마련했어요. 그렇지만 부산지역에 소규모 집단감염 등 코로나19가 지속적으로 확산되고 있어요. 12월 19일부터는 부산시민의 검사 접근성을 높이기 위해 임시선별진료소 15개를 추가 설치했습니다. 한 달 반 동안 8만 명이 넘는 부산시민이 임시선별진료소에서 코로나19 검사를 받았습니다.

지금도 부산시는 하루에 20~50명의 코로나19 신규 확진자가 발생하고 있어요. 요양병원, 교회, 최근에는 BTJ열방센터까지 다양한 곳에서 소규모 집단감염이 이어지고 있는 상황입니다. 확진자 증가 속도에 대응하기 위해 각 보건소에서 선별진료소 업무를 담당하던 공무원은 역학조사 업무로 이동했어요. 선별진료소는 외부 의료진을 채용해서 운영하고 있죠. 공무원이 역학조사에 투입된 건 이동경로를 파악해 접촉자를 조기에 발견하기 위해서예요.

또 부산시가, 앞서 말씀하신 것처럼, 수도권과 대구·경북지역에 이어 세 번째로 코로나19 확진자가 많이 발생했잖아요. 그래서 한때 치료병상이 부족했던 적이 있어요. 그래서 4개의 생활치료센터와 8개 병원의 병상을 추가로 확보했어요.

　최근에는 코로나19 백신 접종을 위해 예방접종추진단이 신설됐습니다. 예방접종추진단은 부산시민의 안전하고 빠른 코로나19 백신 접종을 위한 준비를 하고 있습니다.

코로나19를 겪으면서 앞으로 우리 사회에서 공무원이 해야 할 역할에 대해 고민이 많으셨을 것 같아요.

　사회적인 재난을 겪으면 공무원도, 시민사회도 그만큼 성장하는 것 같아요. 신종플루 때도 그랬고, 메르스 때도 그랬는데 이번 코로나19를 겪으면서 우리가 감염병이라는 재난에 대응하기 위한 체계들이 하나하나 구축되고 그게 또 견고해지고 확장되고 있다고 생각해요.

　이렇게 만들어진 체계가 다시 잘 작동하기 위해서는 지속적이고 체계적인 훈련이 필요하겠죠. 인력 풀을 만들고 교육도 해야 하고요. IOT와 AI 같은 첨단 기술과 공적 시스템의 결합을 통해 양질의 대응 체계를 위한 공공부문의 노력도 필요하지 않을까요?

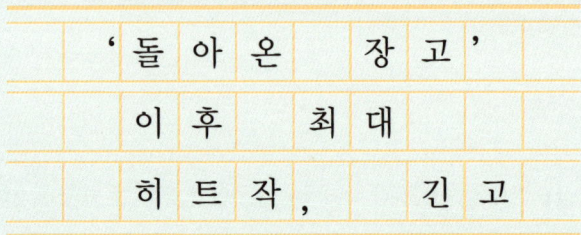

'돌아온 장고' 이후 최대 히트작, 긴고

대구지역 고용센터

보안관계상 오전 8시 40분부터 센터 개방합니다
(업무시간 오전 9시~)

대구동부고용센터 출입구에는
이런 내용의 안내문이 붙어 있었다.

큼지막한 글씨가 적힌 하얀 종이와 그 너머 굳게 잠긴 문. 2020년 9월 1일 이른 아침 대구동부고용센터 모습이다. 여남은 명의 사람들이 센터 앞에 서 있었지만, 타인에 대한 경계를 늦추지 않았다. 센터 입구 계단에 털썩 주저앉은 누군가에게 다가가니 "잘 몰라요. 그냥 다리가 아파서 잠깐 앉아 있는 거예요"라는 예민한 반응이 돌아왔다. 그 모습을 본 누군가는 멀찍이 자리를 옮겼다. 이윽고 센터 문이 열렸다. 다리가 아파 잠깐 센터 앞 계단에 앉았다던 사람도, 멀찍이 걸음을 옮겼던 사람도 모두 센터 안으로 들어갔다.

"어떻게 오셨어요?" 청사 보안 담당자가 센터에 들어오기 위해 출입구 앞 열화상 카메라 앞에 선 사람들에게 물었다. 그는 모기만 한 목소리로 "9시 10분 교육이요"라고 답하는 사람들에게 연신 "9시 10분 교육이요? 앉아 계시면 8시 50분에 안내해 드릴게요!"라고 외쳤다. 문을 연 지 채 10분도 안 됐는데 대구동부고용센터 1층에는 빈자리가 없었다. 실업인정 업무를 보기 위해 번호표를 뽑은 사람도 세 명이나 됐다. 청사 보안 담당자가 약속한 8시 50분이 되자, 대구동부고용센터 1층의 사람들은 썰물처럼 지하 1층으로 내려갔다.

100% 온라인 민원 처리는 불가능

　대구동부고용센터는 2020년 2월에 한 차례 폐쇄됐다. 전국의 고용센터 중 최초였다. 대구·경북지역을 중심으로 코로나19가 1차 대유행하던 시기, 코로나19 확진자가 다녀갔기 때문이다.
　"코로나19 때문에 민원은 최대한 온라인으로 처리하도록 권장하긴 하죠. 근데 온라인에 익숙하지 않은 어르신들은 어쩔 수 없이 센터로 오시죠"라고 조용대 대구동부고용센터 취업성공패키지 팀장이 설명했다. 코로나19 감염으로부터 모두를 보호하기 위해 적정거리를 유지한 채 좌석을 안내한다. 교육은 최대한 압축적으로 진행한다. 센터에서 진행하는 교육을 받으러 오는 사람은 지정된 좌석에 앉아야 한다. 감염 위험을 최소화하면서 밀접접촉자를 파악하기 위해서다.
　'전국에서 최초로 코로나19 때문에 폐쇄된 적 있는 고용센터'라는 아픈 기억에도 대구동부고용센터가 현장에서 민원을 처리할 수밖에 없는 이유는 민원인의 생계가 달려있기 때문이다. 한 번은 열화상 카메라에 체온이 38도로 찍혀 센터 출입이 제지된 민원인이 '생계 때문에 꼭 오늘 민원을 처리해야 한다'고 하소연했다. 민원인은 센터 밖에서 서류를 건네고 센터 안에서 공무원들이 서류를 들고 이리저리 뛰어다니며 민원을 처리해야 했다.

고용유지지원금이 만든 종이 산

코로나19로 익숙해진 고용유지지원금. 원래 고용노동부에서 운영하던 제도지만 코로나19로 그 신청 건수가 폭증했다. 대구지역의 고용유지지원금은 대구고용센터에서 신청을 받는다. 대구지역의 고용유지지원금 신청 건수는 평소 1년에 50~60건. 하지만 코로나19가 급속도로 번지던 2020년 3월, 대구고용센터에만 4,200여 건의 고용유지지원금 신청이 들어왔다. 당시 전국에서 고용유지지원금을 신청한 사업장은 1만 5,000여 곳이었다. 대구에서만 30%가량의 고용유지지원금 신청이 접수된 셈이다.

고용유지지원금을 신청할 때 제출해야 하는 서류는 한 무더기다. 13~15장의 기본 서류, 사업장 전체 직원의 3개월 치 급여 대장, 각종 수당 및 상여금 지급 대장, 취업규칙, 전체 노동자의 근로계약서, 연차 사용 관련 서류, 단체협약안 등이다. 한 사업장의 고용유지지원금 신청을 검토하기 위해서는 일주일 내내 서류와 씨름해야 한다. 하지만 밀려드는 신청 건수는 대구고용센터의 고용유지지원금 담당자에게 평소와 같은 시간을 허락하지 않았다.

산처럼 쌓인 고용유지지원금 서류의 양이 증명하듯 평상시 고용유지지원금 업무를 담당하는 기업지원과 11명이 소화할 수 없을 만큼 일이 휘몰아쳤다. 3월의 마지막 날, 하루 동안 대구고용센터에

접수된 고용유지지원금 신청 건수는 540건에 달했다. 결국 대구에 있는 모든 고용센터에서 25명의 공무원이 차출됐다. 이들은 '코로나19 위기대응추진단'이라는 팀명을 걸고 고용유지지원금만 전담했다. 조용대 팀장이 속한 대구동부고용센터에서는 임봉수 취업지원팀장이 대구고용센터로 파견 나왔다.

사실 고용유지지원금 업무는 고용노동부의 그 어떤 지원금 업무보다 까다롭고 복잡한 업무로 손꼽힌다. 코로나19 위기대응추진단이 대구고용센터에 꾸려지고 나서, 20여 명의 공무원은 민원인 한 사람 한 사람의 고용유지지원금 신청을 도왔다. 인력을 충원했다지만 누가 보더라도 처리가 불가능한 상황이었다. 민원인은 매일 밀물처럼 밀려들었다. 결국 대구고용센터에서는 고용유지지원금의 모든 것을 민원인에게 사전 교육한 후 고용유지지원금 신청을 받는 방법을 고안해냈다.

대구고용센터에서는 1월 말부터 8월 말까지 7개월 동안 한 달 평균 3,100여 건의 고용유지지원금 신청을 받았다. 인원이 충원됐어도 일은 넘쳤다. 임봉수 씨는 코로나19 위기대응추진단에서 고용유지지원금 업무를 처리하느라 매달 80~100시간씩 추가로 근무했다. 어쩔 수 없이 대구고용센터는 다시 한번 대구에 있는 전체 고용센터에 인력 지원을 요청했다. 그러나 코로나19가 불러온 고용 한파는 모든 고용센터를 마비시켰다. 시간도, 사람도 없지만 업무 매뉴얼상 민원인의 민원을 대충 넘길 수도 없었다.

  대구고용센터는 대구지역의 고용노동부 전체 공무원이 고용유지지원금 업무를 배분하는 방안을 고육지책으로 내놨다. 대구의 모든 고용노동부 공무원은 50~60건에 달하는 고용유지지원금 서류를 분배받았다. 그렇다고 업무 시간에 고용유지지원금을 처리할 순 없었다. 대구의 고용노동부 공무원 전원은 낮에는 실업급여, 일자리 사업, 직업훈련, 근로감독 등 기존의 업무를, 일과 후와 주말에는 고용유지지원금을 처리하는 지옥 같은 시간을 공유해야만 했다.

고용유지지원금 1/n이 가니, 긴급고용안정지원금 1/n이 왔다

  4월 22일, 문재인 대통령은 제5차 비상경제회의를 열고 고용보험 사각지대에 있는 특수고용노동자와 프리랜서, 영세 자영업자 등을 위한 긴급고용안정지원금을 지급하겠다고 발표했다. 신청기간은 6월 1일부터 7월 20일까지로, 온라인에 익숙하지 않은 대상자를 배려해 7월 1일부터는 고용센터를 방문하면 현장 신청도 가능하다고 공지했다.

고용노동부는 긴급고용안정지원금 지급을 위해 서울에 5개, 세종에 1개, 부산에 2개의 지급센터를 설치했다. 지급센터에만 1,000여 명의 전담인력을 배치했다. 6개의 광역고용노동청에도 200여 명의 전담인력을 배치했다. 대구지방고용노동청에 속한 대구동부고용센터는 긴급고용안정지원금 업무를 위한 전담인력으로 1명을 배정받았다.

제5차 비상경제회의에서 결정된 긴급고용안정지원금 지급 규모는 93만 명. 그러나 당초 예상보다 신청자가 폭증했다. 온라인에 능숙하지 않은 긴급고용안정지원금 신청 대상자를 위해 신청 개시 한 달 후인 7월 1일부터 시작하기로 한 현장 신청은 급하게 6월 22일로 조정됐다. 1명의 긴급고용안정지원금 전담인력을 받은 대구동부고용센터도 추가로 3명의 전담인력을 뽑아야 했다. 이걸로도 부족해 조용대 씨와 정남혁 대구동부고용센터 소장이 하던 업무를 놓고 긴급고용안정지원금 업무만 처리했다. 그들의 본래 업무는 다른 직원이 떠안았고, 센터 전 직원도 순번을 정해 돌아가며 긴급고용안정지원금 업무에 손을 보탰다.

긴급고용안정지원금 창구가 마련된 3층에서 대구동부고용센터 1층까지 매일같이 긴 줄이 이어졌다. 긴급고용안정지원금 신청을 위한 줄이 길어지면서 누군가 계단에서 내려오고 있으면, 위층으로 올

'돌아온 장고' 이후 최대 히트작, 긴고

라가고 싶은 사람은 밑에서 기다렸다가 계단을 이용해야 했다고 조용대 씨는 회상했다. 1차 긴급고용안정지원금 신청 마지막 날 하루 동안 대구동부고용센터에서만 500여 건의 긴급고용안정지원금 신청이 접수됐다.

이재갑 고용노동부 장관이 "긴급고용안정지원금은 신청 후 2주 안에 지급될 것"이라고 장담했지만, 신청을 받고 한 달이 지났을 때도 긴급고용안정지원금 지급 건수는 1만 건도 안 됐다. 지급 규모의 1%가량에 불과한 수치였다. 고용노동부는 "고용노동부 전체 공무원이 모두 긴급고용안정지원금 처리를 나눠서 한다"고 공지했다. 이재갑 장관까지 나서 40건의 긴급고용안정지원금을 처리했고 고용노동부 전체 직원은 각자 80건씩 나눠 가졌다.

"'고용노동부가 무슨 동네 구멍가게냐', '여기가 동호회냐' 이런 볼멘소리가 많았죠. 뭐만 하면 1/n이니까."

긴급고용안정지원금을 신청하면 전국 8개 지급센터에 순서대로 접수된다. 모든 고용노동부 공무원은 무작위로 긴급고용안정지원금 신청 서류를 배분받는다. 대구에서 일하는 조용대 씨는 서울, 수원, 경기도 광주, 전라도 광주, 제주도 등 전국 각지에 사는 긴급고용안정지원금 신청자의 서류를 받았다.

"이미 신청한 지 한 달이나 지났는데 전화해서 '서류 보완해 주세요'라고 하니 신청인들은 '이거(긴급고용안정지원금) 신청하면 2주 안에 준다더니 지금 신청한 지 한 달이 넘었는데 왜 이제야 서류를 보완하라고 전화하냐'는 반응이었죠."

조용대 씨는 긴급고용안정지원금 서류를 처리하던 시기를 그렇게 회상했다.

평생 경상도를 벗어난 적이 없는 조용대 씨는 경기도 광주에 사

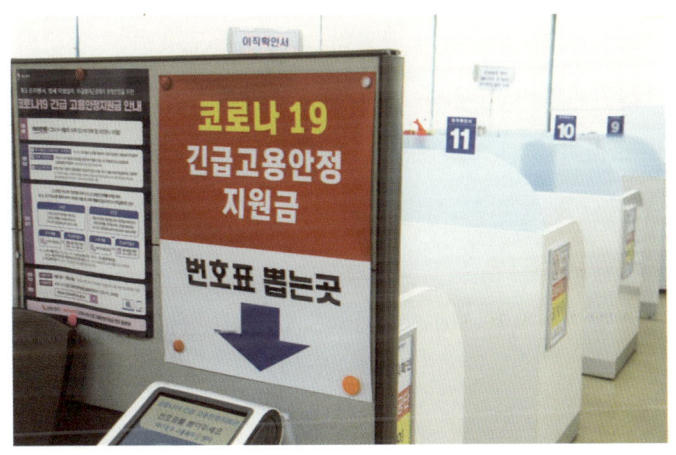

코로나19로 긴급고용안정지원금 신청건수가 폭증하자 대구동부고용센터에도 지원금 신청을 위한 번호표 접수대가 따로 만들어졌다.

는 긴급고용안정지원금 신청인에게 주말에 전화해 서류 보완을 요청한 적이 있다. 주말에 개인 휴대폰 번호로 "고용노동부입니다"라고 하니, 신청인은 "억양도 이상하고 주말에 고용노동부가 나한테 왜 전화하냐"며 보이스피싱으로 오해하는 웃지 못할 일도 있었다.

긴급고용안정지원금은 고용노동부 내에서 '돌아온 장고 이후 최대 히트작'으로 불린다. 최단 시간에 최다 민원과 직원을 동원한 현실을 빗댄 자조적 표현이다. 1차 긴급고용안정지원금 신청 기간이었던 6월 1일부터 7월 20일까지 50일 동안 176만 명이 긴급고용안정지원금을 신청했다. 고용노동부 전체 공무원과 외부 충원 인원 1,500여 명이 이 업무에 매달렸다. 대구동부고용센터 인근의 고용센터에서만 5명의 공무원이 휴직했다. 그들은 폭발하는 업무량과 민원을 버티지 못했다.

긴급고용안정지원금 신청이 끝나고 한 달이나 지났지만, 긴급고용안정지원금 지급은 완료되지 않았다. 그러나 정부는 다시 2차 긴급고용안정지원금을 얘기했다.

"저희는 열심히 한다고 했는데 현장이 전혀 고려되지 않은 정책과 시스템으로 고용노동부는 거짓말쟁이가 됐어요. 2차 긴급고용안정지원금 지급 때는 그런 일이 반복되지 않길 바라요."

취재 그 이후

아직 더위가 채 가시지 않은 2020년 9월 초의 대구. 이른 아침부터 대구동부고용센터 앞에는 여러 명의 사람이 띄엄띄엄 서 있었다. 센터 외관을 촬영하자, "혹시 사진 찍으셨어요?"라며 누군가 날카롭게 물었다. "센터 외관만 찍었는데 확인해 드릴까요?"라고 답하자 그는 손사레를 치며 사라졌다. 어떤 사연으로 고용센터를 찾았는지 묻고 싶어 또 다른 이에게 다가가자 그는 얼른 자리를 피했다.

불편함. 대구동부고용센터에서 느낀 감정이었다. 그러나 당연한 모습일지도 모른다. 모르는 이가 자신의 불행을 캐묻는다면, 좋아할 사람이 누가 있을까.

이 불편함을 매일 느껴야 하는 사람들이 고용센터의 공무원들이다.

취재 후 벌써 세 차례의 긴급고용안정지원금 신청이 있었을 정도로, 코로나19가 가져온 경제적 상처는 회복되지 않고 있다.

불편한 소용돌이 속 대구에서 만났던 조용대 씨는 어떤 시간을 보내고 있을까?

많이 바쁘셨죠? 그간 어떻게 지내셨어요?

저희 센터에서 1차 긴급고용안정지원금은 제가 총괄했지만, 2차와 3차 긴고 신청은 제가 담당하지 않았어요. 다만 저는 1월부터 시작된 국민취업지원제도를 담당하고 있어요. 국민취업지원제도는 고용 취약계층을 대상으로 6개월 동안 1인당 매달 50만 원씩 구직촉진수당을 지급하고 취업지원 서비스를 제공하는 실업부조 서비스잖아요. 저희 센터에서만 1,800여 건이 접수됐어요. 아무래도 정부 지원금이 나가는 사업이니까 긴고 때처럼 담당자들이 매일 야근하고 주말에도 특근하고 있죠. 일단 3월까지는 그런 시간을 보내야 급한 불은 끄지 않을까 합니다.

아직도 많은 일을 하고 계시네요. 1차 긴급고용안정지원금 지급 당시에는 늦은 지급과 공무원의 고강도 노동이 문제였는데, 2차·3차 긴급고용안정지원금 지원에서는 이런 게 많이 개선됐나요?

일단 1차 긴고와는 달리 2차와 3차 긴고는 영세 자영업자와 특수고용노동자·프리랜서의 소관부처를 구분했어요. 영세 자영업자는 중소벤처기업부에서 신청을 받았으니까요. 그것만 해도 업무 부담이 많이 줄어든 셈이죠. 2차, 3차 긴고 때도 임시직을 고용해서 현장 접수를 받았어요. 근데 이들만으로는 안 되잖아요. 또 내부 업무를 조정해서 추가 인력을 배치해 현장 접수를 받았죠.

접수 후 서류 처리는 1차 때와 마찬가지로 전 직원이 분배받아서 처리했어요. 그나마 다행인 건 2차 긴고는 기한 내에 지급이 완료된 거예요. 3차도 그럴 것 같아요.

사실 긴고 같은 지원금은 상시적인 게 아니잖아요. 그러니까 충분한 인력이 제때 배치되기 힘들어요. 항상 뒤늦게 인력이 배치되곤 하죠. 그러니까 서비스를 받는 국민도, 업무를 담당하는 공무원도 모두가 어려운 거예요. 또 업무 강도가 높아 배치된 인력의 변화도 잦아서 전문성과 효율성이 떨어진다는 평가도 많고요. 전국민고용보험이 얼른 도입된다면, 이렇게 거대한 고용위기에 유연하게 대처할 수 있지 않을까, 인력도 적기에 배치되지 않을까 소망해 봅니다.

서 울 시
생 활 치 료 센 터
운 영 총 괄 반 에 서
알 려 드 립 니 다

남산 생활치료센터

　코로나19가 우리의 일상을 지배하면서부터 더 이상 낯설지 않게 된 단어들이 여럿 있다. 코로나19의 확산으로 병상 부족 현상이 발생하자 확진자 중 증상이 약한 사람들을 수용하는 생활치료센터가 그렇다. 2020년 10월 13일, 서울시 중구 서울유스호스텔에 마련된 남산 생활치료센터를 찾았다. 이날 남산 생활치료센터에는 30명의 코로나19 확진자가 입소해 있었다.

　보통 2명이 한 개의 방을 사용하는데, 방 크기가 크면 3명이 한 개 생활관을 사용하기도 한다. 같은 생활관에서 치료받던 코로나19 확진자가 완치 판정을 받고 퇴소한 이후 다른 코로나19 확진자가 입소하지 않는다면, 혼자 생활관을 쓰는 경우도 있다. 또 생활관에 있던 코로나19 확진자가 모두 퇴소하면 코로나19 바이러스가 남지 않도록 며칠 동안 청소와 소독을 하느라 해당 생활관은 비워 놓는다. 그래서 코로나19 확진 판정을 받아 생활치료센터에 입소하더라도 옆 방에 사람이 없을 수도 있다.

남산 생활치료센터 곳곳에는 "이곳은 코로나19 경증상자를 위한 생활치료시설로 진입이 불가합니다"라는 안내가 붙어있었다. 남산 산책로를 따라 내려온 한 시민이 화장실 이용을 요청했지만, 남산 생활치료센터를 관리하는 공무원은 "안에 코로나19 확진자가 생활하고 있어 내부 시설 이용은 불가능합니다"라고 설명하며 돌려보냈다.

저희가요? 갑자기요?

서울시는 서울시 공무원의 복지와 교육을 위해 강원 속초시, 충남 서천군, 충북 충주시 3곳의 공무원연수원을 운영해 왔다. 서울시는 2020년 2월 25일부터 연수원 이용 중단을 결정했다. 그동안 연수원을 운영해온 서울시 인력개발과는 연수원 대신 특별한 시설 운영을 담당하게 됐다. 생활치료센터다.

2월, 대구·경북지역을 중심으로 코로나19가 급속도로 확산하면서 입원 병상이 부족해졌다. 이는 정부와 방역당국의 큰 골칫거리였다. 결국 정부와 중앙재난안전대책본부는 증상이 경미해 입원치료가 필요하지는 않지만, 코로나19 확산 방지를 위한 경증상자의 격리시설을 마련했다.

서울시에서 가장 처음 만들어진 생활치료센터는 노원구 태릉선수촌의 태릉 생활치료센터다. 3월 문을 연 태릉 생활치료센터는 방역당국이 수도권 지역에 처음 설치한 생활치료센터다. 남산 생활치료센터는 태릉 생활치료센터가 운영을 종료한 다음 날인 6월 4일부터 운영을 시작했다.

인력개발과가 생활치료센터 운영 총괄 부서로 낙점된 이유는 연수원 운영 경험 때문이다. 김형태 서울시 인력개발과 주무관은 "인력개발과에서 공무원연수원을 운영하니까 위에서는 생활치료센터의 운영동선을 구상하는 것이나, 코로나19 확진자의 요구를 빠르게 파악할 것이라고 판단했다"고 설명했다. 그러나 연수원 운영을 해 본 이들에게도 '생활치료센터'라는 미지의 공간을 운영하는 건 전혀 다른 문제였다. 연수 시설과 격리 시설은 천양지차였.

세 곳의 연수원을 운영할 때는 예약시스템 관리와 시설 이용 중 불편을 확인하는 정도면 됐다. 하지만 생활치료센터는 차원이 달랐다. 생활치료센터 운영은 생활치료센터 설치를 포함한 전반을 책임져야 한다. 누군가는 쉽게 지시했지만, 전혀 다른 업무 내용이 맡겨지자 인력지원과 사람들 입에선 "저희가요? 갑자기요?"라는 소리가 절로 나왔다고 김형태 씨는 회상했다.

게다가 서울시의 생활치료센터는 남산 생활치료센터를 포함해 8곳에 달했다. 인력지원과 몇 명으로는 24시간 내내 차질 없이 운영할 수 없는 규모였다. 결국 인력지원과는 9월부터 다른 과의 손을 빌려 실무 운영을 해야 했다. 단, 동료들의 피로를 감안해 최대 2주 이상 생활치료센터 업무를 하지 못하도록 인력지원과가 자체적으로 순번을 짰다.

생활치료센터는 24시간 상주하는 운영총괄반과 의료지원반이 운영한다. 운영총괄반은 생활치료센터의 실무 운영을 담당하는데, 운영반과 시설관리반, 질서유지반으로 다시 나뉜다. 이중 운영반에 공무원이 파견된다. 시설관리반은 기존에 서울유스호스텔 시설을 관리하는 시설 공무직이 담당하고 질서유지반은 서울지방경찰청의 도움을 얻어 파견된 경찰관으로 구성됐다. 의료지원반은 서울시립병원인 보라매병원에서 파견된 의료진이다.

남산 생활치료센터의 하루

오전 10시 30분. 입소자 30여 명의 점심 도시락을 실은 탑차가 남산 생활치료센터 정문에 도착했다. 도시락은 보통 전날 오후에 한꺼번에 주문한다. 가끔 밤에 코로나19 확진 판정을 받고 오전에 생활치료센터에 입소하는 코로나19 확진자가 있기에 도시락을 주문할 때는 일부러 여유 있게 주문한다.

남산 생활치료센터의 실무 운영을 담당한 도시계획국 사람들과 운영개발과 사람들은 탑차가 도착하자 수레를 끌고 건물 밖으로 나왔다. 도시락을 건물 안으로 옮겨 각 방에 전달할 수 있게 다시 포장해야 하기 때문이다.

상자 여남은 개를 수레에 싣고 유스호스텔의 식당으로 쓰는 공간으로 이동한 이들은 재빠르게 봉지에 밥과 반찬, 김치, 젓가락, 과일 등을 나눠 담았다. 철저한 분업으로 봉지에 도시락을 담은 이들은 모든 봉지에 빠진 음식이 없는지 확인했다. 주문한 도시락 개수와 남은 음식물 개수 역시 확인했다.

"과일 안 들어간 것 있어요?"
"여기 밥 하나 남는데요? 어디 밥 안 들어갔어?"
"찾았습니다. 밥 넣었어요."

남산 생활치료센터 운영인력들은 도시락 봉지가 착착 담긴 두 개의 수레를 끌고 1층 유스호스텔 식당에서 3층 운영총괄반으로 향했다. 남산 생활치료센터 3층은 운영총괄반, 의료지원반이 24시간 상주하는 마지막 청정구역이다. 4층부터는 코로나19 경증상자가 입소한 생활관으로, 여기부터는 '오염구역'으로 분류된다. 오염구역에 들어가기 전, 운영인력은 보호장구를 갖춰야 하기에 도시락을 잔뜩 실은 수레를 끌고 3층 운영총괄반으로 향한다.

　　김형태 씨와 오인찬 서울시 인력개발과 주무관은 방호복, 장갑, 보안경, 머리 비닐까지 쓴 후 4층으로 가는 엘리베이터에 탔다. 그 시각, 운영총괄반에 남아있던 김현중 서울시 인력개발과 과장이 컴퓨터 앞에 앉았다. 그가 마우스를 '딸깍'하고 누르자 건물 전체에 방송이 울렸다.

　　"서울시 생활치료센터 운영총괄반에서 알려드립니다. 잠시 후 점심식사를 제공하겠습니다. 식사가 준비되는 대로 다시 안내해 드릴 예정이오니 방송이 있을 때까지 생활실 내에서 잠시만 기다려 주시기 바랍니다."

　　점심 도시락 배분 전 안내방송이었다. 남산 생활치료센터에서는 도시락 배분 전 방송, 도시락 배분 방송, 생활수칙 안내, 폐기물 배출 방송, 택배 수령 방송 등 총 열 차례의 안내방송이 나온다. 원래는 생활치료센터에 실무 운영을 하러 온 공무원이 직접 방송장비를 켜고 그때그때 방송했지만, 바쁜 업무 때문에 TTS 시스템(Text to Speech, 음성합성 시스템)을 도입해 예약된 시간에 안내방송을 송출하는 방식으로 바뀌었다. 이 방송에 따라 입소자는 생활관 안에서 도시락이나 택배 등을 받기 위해 준비한다.

  방송이 나오자 김형태 씨와 오인찬 씨는 생활관 복도에 마련된 탁자 위에 도시락을 재빠르게 올려놨다. 탁자에는 숫자가 붙어있다. 김현중 씨는 "탁자에 숫자가 붙어있는 생활관은 입소자가 있는 생

남산 생활치료센터 운영인력들이
봉지마다 도시락을 담는다.
이렇게 담긴 도시락은 각 생활관으로 배달된다.

활관을 의미한다"고 설명했다.

도시락 배분을 마친 김형태 씨와 오인찬 씨는 통제된 동선을 따라 건물 밖에서 보호구를 벗고 다시 운영총괄반으로 돌아왔다. 동선을 통제한 이유는 생활치료센터에 코로나19 확진자만 있는 게 아니기 때문이다. 생활치료센터를 관리하는 공무원의 안전을 고려해 동선을 구분했다. 모든 문은 청정구역에서만 열 수 있는데, 이는 혹시라도 생활관을 벗어난 입소자가 생활치료센터를 벗어날 수 없도록 하기 위해서다. 입소자는 코로나19 검사를 받을 때와 퇴소할 때만

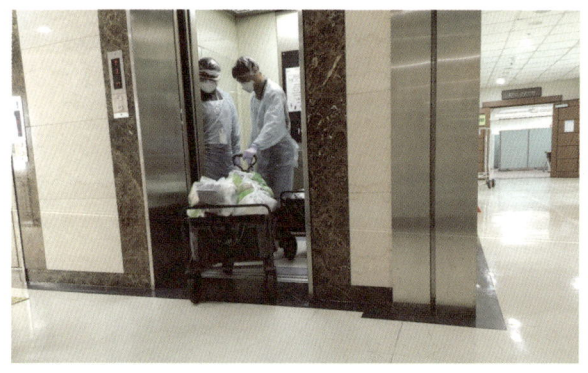

김형태 씨와 오인태 씨가 각 생활관에
점심도시락을 배분하기 위해 엘리베이터에 탔다.
이들은 하루 세 번,
수레에 도시락을 가득 싣고 엘리베이터에 탄다.

생활치료센터 외부로 나올 수 있는데, 코로나19 검사를 받을 때는 오염구역을 통해 서울유스호스텔 주차장에 마련된 선별진료소에서 코로나19 검사를 받는다.

이 모든 과정은 운영총괄반에서 각 층 복도에 설치된 CCTV로 확인할 수 있다. 김형태 씨와 오인찬 씨가 운영총괄반으로 돌아오자, 김현중 씨는 다시 컴퓨터 앞에서 마우스를 딸깍 눌렀다.

"서울시 생활치료센터 운영총괄반에서 입소자 여러분께 알려드립니다. 점심식사와 의료폐기물수거통이 출입문 앞에 준비됐습니다. 마스크를 착용하시고, 식사를 들여가시기 바랍니다."

몇몇 입소자는 문 앞 탁자 위에 봉지를 놓는 부스럭 소리가 들리자마자 문을 벌컥 열고 도시락과 의료폐기물수거통을 가져갔다. 방송이 나오자, 대부분의 입소자가 문을 열고 점심 도시락과 의료폐기물수거통을 들여갔다. 지켜보던 운영총괄반에서는 마지막까지 도시락을 가져가지 않은 입소자를 확인한다.

방송이 나온 후 한 명의 입소자가 도시락과 의료폐기물수거통을 들여가지 않았다. 혹시 위급한 상황은 아닌지 운영총괄반에서 대기 중이던 남산 생활치료센터 운영인력들이 술렁였다. 사무실에 있던 누군가가 급히 해당 입소자에게 전화를 걸었다. 전화를 받은 입소자는 무사히 점심 도시락과 폐기물수거함을 들여갔다. 입소자는 휴대전화로 영상을 보다가 방송을 못 들었다고 했다.

폐기물수거는 하루에 한 번, 점심을 먹고 난 오후 1시 30분 이뤄진다. 입소자는 하루 동안 자신이 배출한 폐기물을 모두 20L 의료폐기물수거통에 담아 생활관 문 앞에 내놓는다. 폐기물 배출 방송이 나온 후 입소자 모두가 의료폐기물수거통을 문 밖으로 내놓으면, 다시 운영인력이 보호구를 착용한 뒤 출동해 건물 밖에 있는 수거구역으로 옮긴다. 그러면 별도의 폐기물 수거업체가 의료폐기물수거통을 가져가 소각한다.

이틀에 생활치료센터 하나씩,
운영 종료한 생활치료센터 재개장도 이들의 몫

처음 생활치료센터를 만들던 때를 설명해 달라고 했다. 그러자 서울시 인력개발과 사람들은 "처음 코로나19가 확산할 때 방호복을 입고 일하는 것 자체에 대한 두려움이 컸다"며 "코로나19 감염을 걱정해 집에 들어가지 못하는 사람들을 위해 노동조합에서 숙소를 제공했다"고 입을 모았다.

대구·경북지역을 중심으로 무섭게 확산했던 코로나19가 어느 정도 소강상태를 보이던 시기, 정부는 태릉 생활치료센터 운영을 종료했다. 병상 운영 상황이 안정됐고 확진자가 많지 않아 수도권에 생활치료센터를 운영할 필요가 없었기 때문이다. 그러나 문제는 8월에 터졌다.

8월 15일 광화문에서 집회가 있고 난 후, 수도권 지역을 중심으로 코로나19 확진자가 크게 늘었다. 코로나19 확진자 증가 속도는 코로나19 완치 속도보다 훨씬 빨랐다. 자연히 병상 부족이 큰 문제로 떠올랐다. 결국 서울시 인력개발과는 2~3일에 하나씩 생활치료센터를 만들기에 이르렀다.

"시간이 없어도 완벽한 생활치료센터를 만드느라 다들 집에도 못

갔죠. 5월에 운영 종료한 태릉 생활치료센터를 다시 설치할 때는 다들 개관 전날 늦게까지 설치했어요. 그래서 다 같이 그냥 태릉 센터에서 잤죠. '나중에 코로나19 걸리면 나는 이 방에 들어와야지' 이러면서요. 시간은 정해져 있고 인력은 한정됐는데 생활치료센터 설치 업무를 해내니까 위에서는 생활치료센터 만드는 게 쉬운 줄 알더라고요."

확진자도 폭증했지만, 날씨까지 더워 너무 힘들었다고 고백한 김형태 씨는 "N95 마스크 쓰고 레벨D 방호복 입고 신발싸개까지 하면 땀이 줄줄 흐른다"며 "아무리 방호복 속에 얼음조끼를 입어도 땀을 막을 수 없으니까 의료폐기물수거통을 건물 밖으로 나르다가 계단에서 미끄러지는 직원도 많았다"고 회상했다. 8월은 역대급 폭염으로 얇은 반팔만 입어도 땀이 비오듯 흐르던 시기였다. 그런데도 숨도 쉬기 어려운 N95 마스크와 레벨D 방호복, 신발싸개까지 한 채로 생활치료센터 입소자를 위한 무거운 짐을 날라야만 했다.

김형태 씨는 날씨뿐만 아니라 다양한 민원에서 오는 고충이 많았다고 회고했다. "한 번은 이슬람교도가 남산 생활치료센터에 입소했는데, 할랄 음식 제공을 요청했다"고 말을 시작한 김형태 씨. 그래서 어떻게 됐냐는 되물음에 "집단 배식이 가능한 도시락 업체 중에 할랄 음식을 제공하는 업체를 찾는 게 어려우니까 그냥 따로 사

다가 제공했다"고 설명했다. 할랄 음식을 제공하지 못하면 해당 입소자가 어려움을 겪을 것이 뻔했기 때문이다.

인터뷰 도중, 김형내 씨가 걸려온 전화를 받았다. 입소자에 지급할 생필품 상자가 막 도착했다는 연락이었다. 인력개발과 팀원들은 마시던 커피를 단숨에 털어 넣고 자리에서 일어났다. 그들은 운영총괄반 사무실 건너편 창고로 생필품 상자를 묵묵히 옮겼다. 그렇게 그들에게 주어진 일을 말없이 해내고 있었다.

취재 그 이후

2020년 10월의 어느 날, 남산 생활치료센터로 향했다.

선별진료소 취재도 다녀왔지만, 확진자가 입소한 치료센터를 방문한다는 것은

꽤나 두려운 일이었다. 서울시 생활치료센터 운영을 총괄하는 서울시 인력지원과

사람들은 "생활치료센터에 입소자가 들어오고 나서 여길 출입한 외부인은

기자님이 처음"이라고 말했다.

취재 당시 빈 생활관이 많았던 남산 생활치료센터.

그러나 수도권이 코로나19 확산의 중심지가 되면서

연일 뉴스에서는 "수도권 병상 부족" 소식이 쏟아졌다.

그날 이후, 남산 생활치료센터는 어떤 시간을 보냈을지

오인찬 씨에게 물어봤다.

그동안 많이 바쁘셨죠? 어떻게 지내셨어요?

    10월 이후 상황을 사실 세세하게 기억하진 못해요. 근데 언뜻 생각해보면 정말 많은 일이 있었던 것 같아요. 사실 10월에는 그래도 코로나19가 어느 정도 잠잠해졌다고 다들 여겼잖아요. 확진자 수도 그렇게 많지 않았고요. 그 당시 남산 생활치료센터 입소자는 30여 명 수준이었죠.

    10월은 약간 태풍의 눈 같았다고나 할까요? 12월에 갑자기 코로나19 확진자가 급증하면서 서울에만 4곳의 생활치료센터를 설치했어요. 그래도 부족해서 경기도 용인, 분당, 곤지암 등 경기도 곳곳에도 생활치료센터를 확보했죠. 요즘은 대학도 방학기간이라 서울시립대 등 서울 소재 대학의 기숙사에 생활치료센터를 만들려고 발바닥에 불나도록 뛰어다닌 기억이 나네요.

취재 당시에는 남산 생활치료센터 입소자가 많지 않았는데, 전국 코로나19 일일 확진자가 1,000명에 이르는 시기를 겪었잖아요. 특히 코로나19 확진자가 수도권을 중심으로 급증했는데, 남산 생활치료센터 입소자는 얼마나 늘어났었나요?

    남산 생활치료센터 입소 가능 인원은 최대 118명이거든요. 코로나19 3차 유행기에는 이틀 만에 남산 생활치료센터가 꽉 찼어요. 하루에도 몇 백 명씩 코로나19 확진자가 발생했으니까요.
    몇 차례 코로나19 유행기를 겪으면서 깨달은 건데, 한 번 코로나19 확진자가 증가하기 시작하면 그걸 대처하는 건 정말 어렵다는 거예요. 서울시도 급격하게 증가하는 코로나19 확진자가 집에서 격리되지 않도록 병상을 확보하기 위해 뛰어다녔어요. 저도 생활치료센터를 일주일에 두 곳씩 설치하고 그랬어요.

요새는 무슨 일 하세요?

    10월에는 주로 생활치료센터 운영을 위한 매뉴얼 작성이나 실무 운영을 담당하는 근무자 교육을 담당했어요. 물론 취재할 때 보셨듯이 현장에서 도시락 배분 등의 업무도 지원했고요. 지금은 10월에 주로 하던 업무에 생활치료센터 도시락 지원 업무 담당자가 됐습니다.

* 12월 4일, 서정협 서울시장 권한대행은 브리핑을 열고 "서울시가 운영하는 8개의 생활치료센터에 각 자치구마다 하나씩 25개의 생활치료센터를 추가로 설치하겠다"고 발표했다. 그래서 49세 이하 무증상 확진자는 자치구 생활치료센터에서 50세 이상의 무증상·경증상자는 서울시가 운영하는 생활치료센터에서 치료하겠다고 선언했다. 특히 서정협 권한대행은 한 라디오 프로그램에 나와 "하루에 생활치료센터를 하나씩 개소해도 따라가기 힘들다"고 고충을 토로하기도 했다.

전화 끊지 마세요!
잠시만요!

안산시 해외입국 자가격리자 관리TF팀

코로나19는 세계 대유행을 불러왔다. 빠른 확산세가 계속되면서 사실상 국경은 막혀버렸다. 이제 해외여행은 상상 속에서나 가능한 일이 됐다. 급박한 업무상의 이유가 있는 사람들, 고향을 찾는 사람들만이 제한적으로 국경을 넘을 수 있다. 한국은 국경을 폐쇄하지는 않았지만 해외입국자에게 14일간의 자가격리를 의무화했다. 해외에서 한국으로 들어오는 모든 사람들은 코로나19 검사 후 자가격리를 거쳐야만 비로소 한국에 '도착'할 수 있다.

코로나19 상황에도 어쩔 수 없이 해외에서 한국으로 돌아와야 하는 사람들이 있다. 어렵사리 비행기표를 구해 입국한 사람들은 코로나19 검사와 자가격리 14일을 겪어야 한다. 공항에 들어서면 격리장소와 연락처를 기재하고 '자가격리자안전보호앱'이라는 위치추적 애플리케이션(APP·앱)을 핸드폰에 설치한다.

각 지자체에는 한국에 도착한 해외입국자의 안전한 자가격리를 위해 일하는 공무원들이 있다. 해외입국자가 늘어난 상황에 대응한 것이다. 그중 경기도 안산시는 해외입국자가 특히 많은 편이다. 원체 외국인 비중이 높은 지자체이기 때문이다. 많은 해외입국자들의 자가격리를 돕기 위해 안산시는 특별팀을 꾸려 대응 중이다. 안산시 재난안전대책본부에 있는 '자가격리자 관리TF팀'을 찾았다.

어서 모든 사람이 일상으로 돌아갔으면 해요

이야기를 나눌 수 있었던 자가격리자 관리TF팀원은 세 명이었다. 2020년 7월 구성된 자가격리자 관리TF팀에는 여러 직무의 공무원 여섯 명이 속해 있다. 보건직, 간호직, 운전직, 사서직까지 다양하다. 이들은 질문에 대답할 시간도 없이 울려대는 전화를 들었다

내려놓기를 반복했다.

"가족분하고 접촉하지 말고 방 한 칸, 화장실 한 칸 따로 쓰셔야 해요. 식사는 일회용기에 드시고, 오늘 와서 검사 받으시면 될 것 같아요. 수시로 연락 좀 주세요. 잠시만요, 전화 끊지 마세요! 잠시만요! ○○○씨 맞으신가요? 아, 따님이시라고요? 아버님 어디 가셨어요?"

김자희 주무관은 누가 봐도 바빠 보였다. 모니터엔 김자희 씨가 맡고 있는 자가격리자 명단이 엑셀 파일로 정리돼 있었다. "힘드시겠다"고 운을 띄웠다. 김자희 씨는 대뜸 자신의 아들 이야기를 꺼냈다.

"8살 아들이 있는데 여기 배정받고 출근하던 날 아침에 '엄마는 왜 지옥으로 갔어?'라고 물어보더라고요. 주말도 출근하고, 쉴 틈이 없어요. 둘째는 5살인데, '엄마 코로나 지키러 가?' 하더라고요. 애들 시선으로 봤을 때는 엄마가 정신없이 일하는 게 그렇게 느껴지는 거예요. 그냥 웃고 말았죠. '이 또한 지나가리라'고 생각을 해요. 하루빨리 끝났으면 좋겠네요."

배진수 자가격리자 관리TF팀장

 2020년 9월 말 하루 평균 안산시 해외입국자는 40명이다. 누적된 자가격리자는 550명대였다. 하루 네 번, 인천공항에서 출발하는 버스가 난원구정에 도착하면 곧바로 안산시 대중교통과가 자가격리 장소로 이들을 이동시킨다. 이후 가까운 선별진료소에서 코로나19 검사를 받는다. 자가격리자 관리TF팀은 이 과정에서 이동수단이 없는 해외입국자를 파악해 코로나19 검사를 받게끔 한다. 공항에서 코로나19 검사를 받는 해외입국자도 있지만 증상을 보일 때의 경우다.

초반은 '멘붕' 그 자체

김자희 씨와 이야기를 나누다 배진수 자가격리자 관리TF팀장에게 "처음 팀이 꾸려졌을 때는 어땠냐"고 물었다. 배진수 팀장은 자가격리자 관리TF팀에 들어오기 전 보건소에서 일했다.

"초반에는 그야말로 '멘붕'이 왔었죠. 준비가 안 된 상태에서 4명이 근무를 했는데 자리만 정해졌고, 일을 안 해본 사람들이 모여서 하는데 또 마침 해외입국자가 많은 시기였어요. 외국인이 많다 보니까 검사를 받으러 갈 때 스스로 움직일 수 없는 사람들이 상당히 많아요. 저희 힘으로는 모자라니까 차량 네 대를 지원받았어요. 자가격리자들이 코로나19 검사를 받을 수 있도록 이송하는 차였죠. 그것도 모자라서 보건소에서 한 대 지원받고, 임차도 두 대 해서 7대로 운영하고 있어요."

이들이 수행하는 업무는 크게 두 가지다. 매일 질병관리청에서 안산시를 자가격리장소로 설정한 해외입국자들의 명단을 받아 안산시 공무원들에게 배정하는 것이 우선이다. 안산시 공무원 한 사람당 4명의 자가격리자를 맡는다. 공무원들은 앱을 통해 하루 두 번 실시하는 자가격리자들의 '건강진단'이 제대로 이뤄졌는지 확인한

자가격리자에게는 전담공무원이 한 명씩 배치된다.
자가격리자와 전담공무원은
앱과 전화 통화로 소통한다.

다. 자가격리자들은 기침, 인후통, 호흡곤란 등의 코로나19 증상을 담당 공무원에게 알린다. 이들의 이탈 여부를 지켜보는 것도 공무원의 몫이다. 자가격리자 관리TF팀은 이 과정에서 모니터링을 통해 자가격리자들을 돕는 공무원들을 지원한다.

두 번째 업무는 자가격리에 필요한 의료 물품을 준비하는 일이다. 살균제, 손소독제, 마스크, 일회용 체온계, 쓰레기봉투 등의 의료 물품 키트를 자가격리 현장에 투입되는 공무원들에게 전달한다. 자가격리 시 생기는 쓰레기는 보관하다가 자가격리가 끝나면 버린다. 첫 번째 코로나19 검사에서 음성이 나오더라도 차후 기내접촉자로 밝혀질 수 있기 때문이다. 코로나19 확진자의 생활폐기물은 의료폐기물로 분류된다.

안산시는 최근 개별 자가격리자 담당 공무원의 부담을 덜어주기 위한 AI모니터링 시스템을 도입했다. 통역이 필요하지 않은 내국인들만 우선 시행하고, 주어진 질문에 예 또는 아니오로 대답하는 방식이다.

행정 편의보다 우선시 돼야 할 것

세상의 모든 언어가 딱 한 가지였다면 좋았겠지만, 코로나19로 한국에 들어오는 사람들은 다양한 언어를 사용한다. 이들을 한국 공무원이 '관리' 한다는 것엔 전제가 필요하다. 관리 이전에 소통이 돼야 한다.

자가격리자 관리TF팀에는 팀원 6명 외에도 정부가 일자리지원단 사업을 통해 투입한 인원 20명이 함께하고 있다. 이들은 통역, 차량 지원 등의 업무를 한다. 7월 9일부터 TF팀에 들어온 엘레나 통역사도 그중 한 명이다. 계속 러시아어로 통화를 이어나가던 엘레나 통역사는 "무슨 통화를 하냐"고 묻자 서툰 한국어로 대답했다.

"(자가격리 기간 동안) 어떻게 해야 하는지 설명해요. 앱에서 검색하는 방법, 언제 검사를 가야 하는지 제일 많이 물어봐요. 외국인들은 한국말이 어려워요. 아침부터 저녁까지 계속 전화를 받아 러시아어 통역을 해요. 하루 평균 15명 정도예요."

한국 유심칩이 없는 외국인은 통화가 불가능하다. 바로 공항에서 자가격리 장소로 이동해야 하기 때문에 한국 핸드폰을 개통할 시간은 없다. 해외입국 시 접촉자는 한 사람이라도 더 줄이는 게 안전하다. 공무원들은 자가격리 장소로 직접 가보거나, 자가격리 시 사용할 임대폰을 대여해주기도 한다. 이와 같은 업무를 수행할 때 통역사는 자가격리자와 공무원의 소통을 돕는다.

안산시 해외입국자 중 60% 이상이 외국인이다. 가장 난감한 상황은 외국인 입국자와의 연락이 두절될 때다. 이럴 때는 공무원들이 직접 자가격리 장소로 찾아가기도 한다. 일단 사람을 찾아야 하기 때문이다. 해외입국자가 많은 안산은 다국어 자가격리 안내문이 비치돼 있다. 각국의 언어로 번역된 설명서가 외국인 자가격리자에게 제공된다.

내 일이 누군가의 일상을 지킬 때

처음보다야 괜찮아졌죠

자가격리자가 많은 만큼, 자가격리자 관리TF팀에도 매일 다른 변수가 펼쳐진다. 이날 자가격리자 관리TF팀은 부모상을 당한 자가격리자가 '발인만이라도' 함께할 수 있게 애쓰는 중이었다. 부모상일 때에는 대사관의 격리 면제 서류를 받아야 한다. 코로나19 검사를 하고 음성 판정을 받으면 능동감시에 들어간다. 장례식장에는 공무원이 동행한다. 하루도 조용할 날이 없다.

"퇴근을 해도 업무의 연장이죠. 갑자기 자가격리자 이탈 알림이 울리면 공무원들은 문제가 생길까봐 스트레스를 받아요. 저희는 밤 10시, 11시까지도 다른 공무원들의 궁금증에 답해주기 위해 계속 핸드폰을 잡고 있어요. 공무원들이 워낙 새가슴이잖아요(웃음). 소심하거나 꼼꼼한 사람들은 자가격리 현장에도 많이 찾아가요."

집에 있어도 편하지 않았다는 배진수 씨의 말이다.

"사무실에 있는 게 마음이 차라리 나아서, TF팀 하는 3개월 동안 하루 쉬었어요. 주말에도 계속 입국자가 와요. 업무는 누구라도 해야 하는 상황이니까…. 그래도 어려울 때 먼저 공무원이 솔선수범해야 한다고 생각해요. 저희는 해외입국자로 인한 지역사회 감염을 막는 데 최대한 보탬이 되고 싶어요."

팀이 꾸려지고 안산시의 공무원들이 협업하면서, 이들은 '처음보다는 확실히 괜찮아졌다'고 입을 모았다. 조용훈 주무관도 "대응 지침이나 규정이 확실히 정해져 있지 않은 게 힘들다"면서도, "초반에는 정리도 안 됐는데, 지금은 그나마 체계화가 됐다"고 덧붙였다.

자가격리, 대부분 처음 겪는 일일 테다. 공무원들도 인터뷰 중간중간 걸려오는 전화를 받아 설명을 반복했다. 자가격리 수칙을 지키지 않으면 내국인은 고발, 외국인은 추방될 수 있다.

하지만 수칙을 지키지 않았던 사정은 저마다 다르다. 앱 사용에 익숙하지 않아 마음이 급해진 외국인 자가격리자가 파출소에 나가 작동법을 물어본 사례도 있었다. 자가격리자들은 질문이 많고, 개별 자가격리자들을 지원하는 공무원들은 불안하다. 주민들의 따가운 눈초리도 있다. 아파트에 자가격리자가 들어오지 못하게 막으려는 항의전화가 빗발치기도 했다.

자가격리자 관리TF팀 사무실에서 나오는 길에도 그들은 모두 전화기를 들고 있었다. 여러 변수 속에서도, 안산시 자가격리자 관리TF팀은 여전히 '답변 중'이다.

취재 그 이후

원래 자가격리자 관리TF팀원들은 코로나19 이전 본연의 자리가 있었다.
안산시에서 일하던 공무원들을 코로나19 대응을 위해 모은 것이다.
해가 바뀌자 일부 팀원들은 본인이 속했던 업무로 돌아가거나, 다른 팀으로
배치됐다. 기사를 쓸 때 만났던 팀원들은 현재 자가격리자 관리를 하지 않는다.
당시 팀장을 맡고 있었던 배진수 씨는 자가격리자 관리TF팀을 떠나
식품 유통관리 업무를 하고 있다고 말했다. 배진수 씨는 안산시 자가격리자 관리
TF팀이 다른 공무원들로 유지되고 있다고 귀띔해줬다.
인터뷰를 할 여유는 없지만, 자가격리자 관리TF팀은 외국인,
내국인으로 부서를 나눠 2020년보다 더 몸집이 커진 채로 바쁘게
돌아가고 있다. 그들은 여전히 답변 중일 것이다.

2020

9월 7일
수도권 강화된 거리두기 2단계 연장 결정

10월 12일
전국 거리두기 1단계로 하향 조정

11월 19일
수능 특별 방역기간 2주 실시

11월 24일
3차 유행 본격화. 수도권 거리두기 2단계

12월 13일
하루 신규 확진자 1,000명 소과

12월 17일
국내 코로나19 확진자 누적 5만명

12월 25일
하루 신규 확진자 1,240명(국내 유입 후 최다수)

COVID19

3
보이지 않는 분투

9월부터 12월까지

코로나19가 발생한 지 1년이 지났지만, 아직도 마스크 착용과 거리두기는 유효하다. 끝날 듯 끝나지 않는 코로나19에 우리 사회 전체가 피로감을 호소한다. 하지만 이 기세에 쉽게 동참하지 못하는 공무원들이 있다. 그럼에도 1년 넘게 지속되는 연장근무와 특별근무로 인한 소진을 당해낼 재간은 없다. 가족과의 시간, 충분한 수면, 퇴근과 함께 종료되는 업무라는 당연하고도 소박한 일상은 코로나19에 맞서는 공무원들에게 간절한 소망이 됐다.

누군가는
실험실을
지켜야 한다

서울시 보건환경연구원 질병연구부

'코로나19 검사 대상자입니다. 가까운 선별진료소나 보건소에서 검사를 받으세요.'

2020년 가장 받기 싫은 메시지를 꼽는다면 단연 첫 손에 꼽힐 만한 내용이다. 혹시라도 선별진료소에서 코로나19 검사를 한다고 가정하자. 검사를 받으면 곧장 집으로 돌아가 대기한다. 결과를 받기까지는 하루 정도가 소요된다. 그동안 검체는 어디에 있을까?

어깨 빠지는 줄 알았어요

피검사자가 '양성일 수도 있다'는 불안감에 휩싸인 동안, 검체는 결과를 확인할 수 있는 곳으로 옮겨진다. 먼저 선별진료소에서 채취한 검체를 수송용기에 담아 검사기관까지 이송한다. 서울시 보건환경연구원에서는 그중 수도권의 응급검체를 다룬다. 서울시의 두 번째 코로나19 확진자도 이 기관에서 판독했다.

2020년 11월 3일, 서울시 보건환경연구원 질병연구부 직원들을 만났다. 연구실 내부에는 외부인이 들어갈 수 없어 노동조합 사무실에 모여 앉았다.

연구원들이 하는 일은 수도권에서 모은 코로나19 검체의 양성/음성을 가리는 일이다. 하루 동안 모이는 검체는 저녁 6시 즈음 연구원에 도착한다. 이들은 각 시·군·구 보건소를 통해 의뢰된 코로나19 검체를 받아 연구실로 옮긴다. 질병연구부의 본격적인 코로나19 업무는 그때부터다. 그래서 서울시 보건환경연구원에는 밤늦게까지도 불이 꺼지지 않는다. 코로나19 검사를 위해 따로 마련한 실험실에서 매일 똑같은 작업을 반복한다.

튜브를 이용해 검체 안 바이러스 유전자를 추출한다. 진단키트를 활용해 추출된 바이러스 중 코로나19 고유 유전자를 증폭시킨다. 진단키트에서 검사 결과가 나오면 양성·음성·미결정 등 판정을 내

리고 보건소에 바로 결과를 알린다. 피검사자들에게 실시간으로 검사 결과를 알려주기 위해서다.

"보통 결과 판독까지 4시간 정도 걸립니다. 조금 빠르면 자정 전에 끝나고, 오후 8시 넘어서 들어오는 검체들은 더 걸립니다. 코로나19 감염에 조심하면서 똑같은 작업을 계속 반복합니다. 초반에는 12명이 투입됐는데 직원들이 버티지를 못했습니다. 상반기가 끝날 무렵부터 질병연구부 전원의 도움을 받았습니다. 24시간 신속진단체계를 운영한다는 것은 특별한 사정이 없는 한 코로나19 검사를 6시간 이내에 완료해야 한다는 의미입니다."

질병연구부는 많으면 하루에 800건까지 검체를 다룬다. 800이라는 숫자가 비현실적으로 들렸다. 이재인 바이러스 분석전문관은 "800건이라고 하면 감이 안 오실 것 같은데 튜브가 그만큼 있다는 것"이라고 설명했다. 누군가는 계속 실험실에 남아있어야 한다는 뜻이기도 하다.

엄마가 굉장히 중요한 일을 해

무리한 업무의 연속이었다. 밤까지 수많은 코로나19 검체를 진단하는 일에 팀원들은 지쳐갔다. 옆에서 이야기를 듣고만 있던 한 직원은 "어깨 빠지는 줄 알았다"고 거들기도 했다. "그냥 기계처럼"

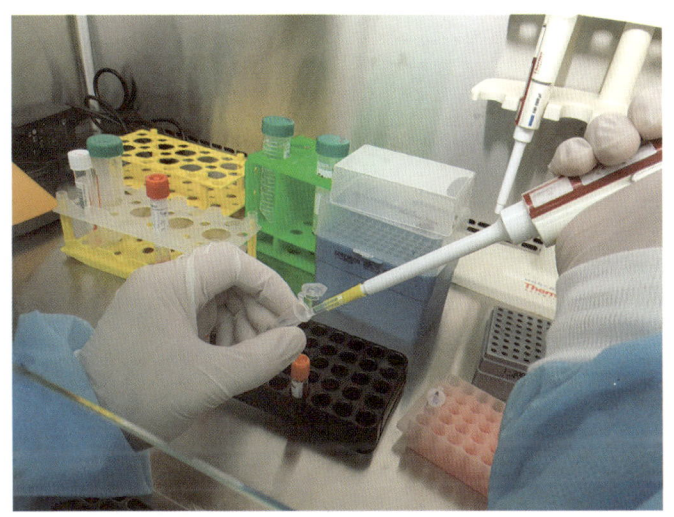

한국은 '실시간 유전자 증폭법(RT-PCR)'을 이용해 코로나19 검사를 한다. 이 검사방법은 6시간 이내에 검사 결과가 나온다는 장점이 있다. 코로나19 검사를 위해서는 먼저 튜브를 이용해 각 검체의 핵산을 분리해야 한다.

코로나19 검사를 이어갔다. 보건환경연구원 질병연구부는 2020년 11월까지 3만 800건 정도의 검체를 분석했다.

코로나19 초기에는 12명의 인원으로 검사 업무를 진행했지만, 2020년 하반기를 기점으로 질병연구부 전체가 동원됐다. 팀원들은 2인 1조로 야근·주말근무를 하고 있다.

그중 박정은 바이러스검사팀 연구사와 박소현 세균검사팀 연구사는 연구원에서는 코로나19 검사 업무를 수행하는 연구사이고 집에서는 아이들의 엄마 역할을 한다. 보통 때 같으면 저녁에는 퇴근해야 하지만, 코로나19로 야간업무가 추가되면서 아이들에게 "왜 집에 못 오는지"를 설명해야 하는 상황이 되풀이됐다.

"제가 3살, 6살짜리 아이들을 키우고 있거든요. 아침에 어린이집 보내야 하는 규칙적인 일도 있고, 갑자기 아프거나 사고가 날 때도 있어요. 엄마로서 아이들을 돌봐줘야 하는 상황들이 많은데 회사에 묶여 있잖아요. 그것 때문에 사실 부모님 도움을 많이 받죠. 지방에서 올라와서 아이들을 봐 주고 계세요. 남편도 일을 하다 갑자기 나올 수 없는 입장이라서요. 아이들에게 어떤 날은 '엄마가 오늘 회사에서 자고 올게' 또 어떤 날은 '주말에 가야 해'라고 말하는데, 상황 자체를 이해시키기가 어렵더라고요."

박정은 씨가 말을 마치자 박소현 씨가 이야기를 이어갔다.

"그래도 저희가 하는 일이 공적 영역이잖아요. 감염병은 빠른 시간 안에 정확하게 막지 못하면 일파만파 전파돼요. 그런 역할을 한다는 것에 자부심이 있어요. 많은 양을 집중해서 하면 힘들지만 저희 가족들한테도, 아이들한테도 '엄마가 굉장히 중요한 일을 한

다'고 이야기를 해요. '야, 엄마가 이거 안 하면 어떻게 되겠냐' 이렇게요(웃음). 저는 감염병이 터지기 전에도 충분한 인력을 충원해 교육해서 전문성을 기를 수 있게 해야 한다고 생각해요."

'하루에 들어오는 코로나19 검사를 모두 그날 끝내야 한다'는 압박을 누구보다 가장 잘 아는 건 같은 연구원 사람들이다. 동료

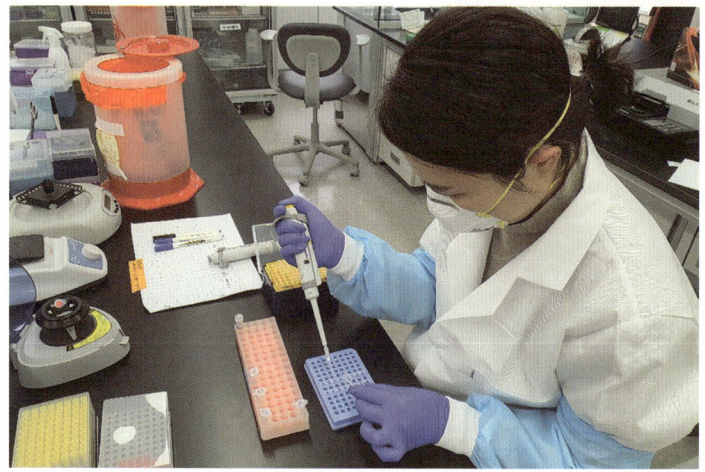

코로나19 핵산을 추출하는 서울시 보건환경연구소 공무원(위)
서울시 보건환경연구원은 코로나19 첫 국내 확진자가 발생한 후 24시간 신속 검사 체계로 운영되고 있다.
각 팀들은 돌아가며 검체를 검사한다(아래).

들끼리 어려움을 공유하고 서로 도왔다. 자진해서 야근을 하는 직원들도 있었다.

정효원 씨는 "초반에는 기계 같은 것도 많이 안 들어와서 손으로 다 했어요. 그럴 때 한 명이라도 자원해서 들어와 주면 그게 너무 고맙더라고요. 그렇게 서로 도와주고 했던 게 기억나요. 자기 당번이 아니었는데도 같이 밤을 샜어요"라고 회상했다.

'사명'으로만 감당하기는 어렵다

보건환경연구원은 메르스를 이미 경험했고, 코로나19를 겪는 중이다. 질병연구부 팀원들은 다음 감염병을 체계적으로 준비할 수 있는 기반이 필요하다고 입을 모았다. '비상'대응은 한계에 봉착할 수밖에 없다는 것이나. 급한 일이 있을 때마다 공무원들의 초과근무로 때울 수는 없는 노릇이다.

오늘의 질병연구부는 코로나19 검체 검사에 집중하지만, 사실 이들은 감염병 전반에 대한 연구와 실험을 담당하고 있다. 그중 바이러스검사팀·세균검사팀은 서울에서 발생하는 주요 감염병의 원인

보이지 않는 분투　172

을 확인·검사하는 사업을 주로 맡는다.

올해 보건환경연구원은 코로나19 검사 외에도 서울시의 '클린존(Clean Zone)' 인증을 위한 환경검사를 진행했다. 확진자 동선에 포함됐지만, 방역작업이 완료된 시설이라는 의미의 클린존은 보건환경연구원의 손을 거친 공간이다. '클린'하다는 것을 과학적으로 증명하는 작업을 한 셈이다. 이재인 씨는 "감염병의 지속적인 관리는 우리 연구원의 존재 이유"라고 말했다.

"언제일지 모르겠지만 멀지 않은 시기에 또 다른 감염병, 혹은 기존에 알고 있었던 감염병이 재창궐할 수 있습니다. 감염병 관리는 공적인 영역에 있어야 합니다. 감염병 관리를 할 수 있는 국가 조직이 정체가 돼 버리면 빠르게 대처할 수가 없습니다. 연구원은 코로나19 검사를 공무원의 임무이자 사명이라고 생각하지만, 향후 새로운 감염병이 발생했을 때를 대비해 인력을 늘려야 합니다."

장소를 제공한 노동조합의 지부장도 한마디 거들었다. 이제 사명으로만 감당할 시기는 지났고, '응급'조치를 넘어 선제적 대응을 할 수 있는 기반이 만들어져야 한다는 입장이다.

"직원들은 본연의 업무와 병행해 코로나19 검사를 하고 있습니다.

업무가 장기화되면서 생활 리듬은 깨지고, 계속 반복되는 실험으로 인해 통증을 호소하는 분들도 있습니다. 메르스 때도 그랬습니다. 갑작스럽게 터지는 일에 대해서 우리는 공무원으로서의 책임감이 있습니다. 그러나 사명감으로만 감당하기는 어렵습니다. 꾸준히 여건을 갖춰놓지 않으면 새로운 감염병이 들어왔을 때 국가적인 대응은 어렵습니다."

인터뷰를 마치고 노동조합 사무실에서 나오는 길에, 팀원들은 질병연구부 전원이 코로나19 업무에 투입되고 나서는 개인이 맡는 업무가 조금 나아졌다고 말했다. 한 팀원은 "지옥 같던 생활에서 조금은 사람 사는 세상 정도로 온 거죠"라며 웃었다. 그들은 그렇게 서로를 의지하며 코로나19와 맞서 싸우고 있었다.

취재 그 이후

2020년 연말부터 수도권 코로나19 확진자가 큰 폭으로 늘었다.

정부는 증상이 없는 사람들에게도 코로나19 검사를 무료로 실시하고,

밀접접촉자가 아니어도 검사를 받을 수 있게 했다.

이 조치는 보건환경연구원이 코로나19 검체를 검사하는 양이

그만큼 늘어난다는 것을 의미했다. 이들의 이야기를 듣기 위해

보건환경연구원에 연락했으나, 홍보 담당자도 연락이 잘 되지 않을 만큼

다들 정신없이 바쁘다는 말을 전해 들었다.

이들의 상황을 이해하고 인터뷰를 하지 않기로 했다.

지금도 질병연구부는 짬이 나지 않을 정도로

실험실에서 코로나19 검체 검사를 이어나가는 중이다.

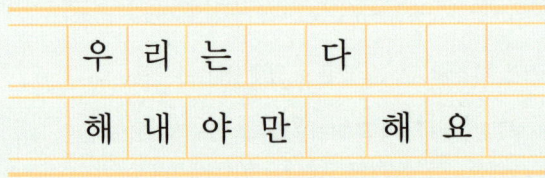

광주보건소 역학조사반

　겨울비가 부슬부슬 내리는 2021년 1월 26일 오후, 경기도 광주보건소로 향했다. 역학조사반을 만나기 위해서다. 역학조사반을 만나는 일은 만만치 않았다. 그들은 바빠도 너무 바빴다. 이 만남을 위해 무려 6개월 동안 공을 들였다. 꼭 만나고 싶었던 이유는 코로나19 상황에서 공무원이 하는 일을 생각했을 때 가장 먼저 떠오르는 일이 역학조사였기 때문이다.

　역학조사란 인구집단을 대상으로 특정한 질병이나 감염병의 발생 양상, 전파경로, 원인 능 역학적 특성을 조사하는 것으로, 코로나19 확진자가 누구와 접촉해서 코로나19에 감염됐는지, 그가 또 다른 누구와 접촉했는지 파악하는 것을 말한다. 지금 같은 상황에서 역학조사는 집단감염의 근원지를 찾고 지역사회 전파를 차단하는 핵심적인 일이다.

2015년 메르스를 겪으면서 감염병 확진자 동선은 즉각 공개하게 됐다. 2020년 1월 20일 국내 첫 코로나19 확진자가 발생한 이후, 1월 22일 경기도 수원시가 최초로 확진자 발생 시 그 동선을 시민들에게 투명하게 공개하겠다고 밝혔다. 이 과정에서 지방자치단체마다 확진자 관련 정보를 공개하는 방식에서 격차가 발생했고 때로는 과도한, 혹은 잘못된 정보가 공개되면서 큰 혼선이 발생했다.

 결국 3월 9일, 국가인권위원회는 "코로나19 확진 환자의 이동 경로를 알리는 과정에서 내밀한 사생활 정보가 필요 이상으로 과도하게 노출되는 사례가 발생하는데 우려를 표한다"는 성명을 냈다. 같

광주보건소 2층 회의실은
코로나19 상황실로 사용된다.
사진의 오른쪽이 역학조사반이다.

은 달 14일, 중앙방역대책본부는 이동경로 공개 범위 등에 대한 가이드라인을 지방자치단체에 배포했다.

암묵적 약속, 6개월

경기도 광주시민에게 정확하고 빠른 코로나19 확진자 동선을 안내하는 역학조사반은 광주보건소 2층 회의실에 있다. 현재 광주보건소 회의실이 코로나19 상황실로 사용되고 있기 때문이다. 사무실 문을 열자, 서너 명이 머리를 맞대고 앉은 뒷모습이 보였다. 뭔가 논의하는 중인 듯했다.

박남숙 광주보건소 감염병관리팀장은 이들이 최근 역학조사반에 합류해 직무교육을 받고 있는 중이라고 설명했다. 질병관리청에서 운영하는 질병보건통합관리시스템에 접속하는 방법부터 코로나19 확진자의 기초역학조사 순서, 동선 확인을 위한 전화를 거는 요령 등 역학조사의 시작과 끝을 총망라한 교육이었다.

12월까지 4명의 담당자와 지원인력으로 운영되던 광주보건소 역학조사반은 12월 9일 6명으로 담당자를 늘렸다. 나름대로 인력을 확충했지만, 업무 피로도가 높은 역학조사반은 자주 담당자가 바뀌었다.

오지원 광주보건소 주무관은 원래 지역보건과에서 회계서무를 담당했다. 오지원 씨는 코로나19 발생 초기, 신천지발 집단감염이 터지면서 지원인력으로 역학조사반에 투입됐다. 그렇게 1년 동안 지원인력으로 기초역학조사와 지역보건과 회계서무를 병행했다. 역학조사반은 자주 자리를 옮기므로 처음 역학조사반에 투입된 사람들은 오랫동안 역학조사반에 지원인력으로 투입됐던 오지원 씨를 역학조사 담당자로 착각하기도 했다.

이은미 광주보건소 주무관은 "무증상 감염이 아니고서는 기초역학조사를 위해 확진자에게 전화하면 다들 올 것이 왔다고 수긍한다"면서도, "협조가 잘됨에도 불구하고 업무량이 너무 많아 암묵적으로 역학조사반에 온 지 6개월 정도가 지나면 다른 업무로 이동할 수 있게 하는 편"이라고 설명했다.

현재 광주보건소 역학조사반에서 가장 오래 일한 사람은 문수희 주무관으로 5개월째 역학조사반에서 기초역학조사를 담당하고 있다. 문수희 씨는 처음 사무실 문을 열었을 때 머리를 맞대고 앉은 서너 명 중 한 명으로, 최근 역학조사반으로 이동한 공무원들에게 직무교육을 해주고 있었다.

쏟아지는 업무량, '퇴근 ≠ 업무종료'

"안녕하세요, 광주보건소 역학조사반입니다."

역학조사반의 하루는 오전 8시, 전화를 거는 일로 시작된다. 자정까지 집계된 코로나19 확진자 현황에 따라 확진자에게 직접 기초역학조사를 실시해야 하기 때문이다. 기초역학조사는 코로나19 기초역학조사서를 바탕으로 진행된다.

밀접접촉자로 분류돼 자가격리를 하다가 코로나19 확진 판정을 받은 경우에는 30분~1시간이면 기초역학조사가 완료된다. 규칙적인 생활을 하는 경우에도 기초역학조사에 많은 시간이 필요하지 않다. 그렇지만 동선이 복잡하거나 확진자의 기억이 흐릿할 때는 기초역학조사에만 며칠이 걸리기도 한다. 휴대폰 GPS부터 카드내역까지 확인해야 할 게 한두 가지가 아니기 때문이다. 특히 카드내역을 확인하기 위해서는 평균적으로 일주일 정도의 시간이 필요하다.

매일 발생하는 확진자의 기초역학조사를 진행하면서도 뒤늦게 확인된 이전 확진자의 기초역학조사 결과 역시 계속 입력해 줘야 한다. 확진자가 발생하면 기초자치단체의 기초역학조사반원, 광역자치단체의 심층역학조사관이 한 조가 된다. 기초역학조사 내용이 제때 반영돼야 심층역학조사를 통해 다른 지역의 밀접접촉자를 확인할 수 있기 때문이다.

질병관리청은 자정까지의 코로나19 확진 현황을 집계해 매일 오전 9시 30분쯤 정례 브리핑을 연다. 자정까지는 그날 발생한 코로나19 확진자의 기초역학조사 결과가 질병보건통합관리시스템에 입력돼야 하는 것이다. 그래서 역학조사반은 보통 새벽 1시는 돼야 퇴근할 수 있다.

그래도 12월 9일 역학조사반 인원이 6명으로 늘어나면서 3개 조

183　우리는 다 해내야만 해요

로 운영할 수 있게 됐다. 그리고 2명이 한 조를 이뤄 출퇴근 시차제를 운영하고 있다. 1번 조는 오전 8시에 가장 먼저 출근해 11시간 정도 근무 후 퇴근한다. 2번 조와 3번 조 역시 시차를 두고 느지막이 나와 11시간 정도 근무 후 순차적으로 퇴근한다.

코로나19 검사자의 검사 결과는 시도 때도 없이 전달된다. 방역조치반에 있다가 12월 9일 역학조사반으로 이동한 김대한 광주보건소 주무관은 확진자 동선 방역조치를 위해 나갔다가 퇴근하던 밤 11시 30분에 코로나19 양성 판정을 받은 확진자의 검사 결과를 전달 받았다. 급히 길가에 차를 세우고 확진자와 통화해 기초역학조사서를 작성, 자정 전에 겨우 질병보건통합관리시스템에 올린 적도 있다.

자정 이후에는 지원인력을 제외한 역학조사 담당자와 경기도 상황실 담당자가 함께 있는 단체SNS방에 코로나19 확진 결과가 올라온다. 역학조사 담당자와 경기도 상황실 담당자가 함께 있는 단체SNS방 이외에도 방역조치반과 역학조사반이 있는 SNS방, 광주시청 상황실 담당자와의 단체SNS방, 역학조사반끼리의 단체SNS방 등 코로나19로 인해 개설된 단체SNS방이 10개가 넘는다.

이은미 씨는 퇴근 후 집에서 겨우 잠을 청해도 단체SNS방에 실시간으로 공유되는 코로나19 확진자 현황을 확인하느라 한두 시간에 한 번씩 잠에서 깬다고 했다. 문수희 씨와 김대한 씨 역시 "단체

SNS방 노이로제에 걸렸다"고 말하며 씁쓸하게 웃었다.

역학조사반이라고 역학조사만 하지 않는다

이론상 기초역학조사는 보건소 공무원 누구나 할 수 있다. 그러나 광주보건소는 기초역학조사를 담당하는 역학조사반에 보건·의무 공무원을 배치한다. 기초역학조사 과정에서 초응급 확진자 여부를 판단해 빠른 조치를 할 수 있기 때문이다. 그래서 광주보건소의 모든 보건·의무 공무원은 역학조사반 생활 6개월을 마쳐도 코로나19 대응 최전선 업무로 이동할 수밖에 없다.

김대한 씨와 함께 12월 9일 역학조사반으로 온 이은미 씨는 선별진료소반과 이동검체반에서 코로나19 검체를 채취하기도 했다. 반대로 역학조사반에 있다가 선별진료소반이나 이동검체반으로 이동한 경우도 많다. 그러나 방역조치반에서 역학조사반으로 이동한 사람은 김대한 씨가 유일하다. 1t 트럭을 운전해 광주시 전역을 다녀야 하는 업무 특성상 1종 보통 면허 소지자만 방역조치반에서 일할 수 있기 때문이다. 광주보건소 간호공무원 중 1종 보통 면허를 가진

사람이 많지 않아, 방역조치반에서 다른 코로나19 대응 업무로 이동한 사례는 드물다.

방역조치반은 3명의 담당자가 전부다. 3명의 담당자는 코로나19 확진자가 발생하고 기초역학조사 결과가 통보되면 움직인다. 1t 트럭에 방역용품과 의료폐기물통을 싣고 방역을 위해 길을 나선다. 방역대상은 확진자의 집과 확진자가 방문한 공간 모두다.

방역조치의 원칙은 당일 발생한 확진자의 동선 방역은 당일에 끝마쳐야만 한다는 것이다. 광주시에 있는 SRC 요양병원 집단감염으로 광주시에 확진자가 폭증했던 10월, 방역조치반은 새벽 3~4시에 퇴근해 눈만 붙이고 다시 오전에 출근하는 생활을 반복해야 했다.

3명의 방역조치 담당자로는 감당할 수 없는 업무량 때문에 3명의 지원인력과 외부 방역업체의 지원을 받는다. 그러나 외부 방역업체는 확진자의 집에 대한 방역조치는 꺼린다. 방역과정에서 가장 고되다는 확진자의 주거지 방역은 오롯이 방역조치반의 몫이다.

새하얀 레벨D 방호복과 N95 마스크, 보안경, 신발싸개, 장갑을 모두 착용한 방역조치반은 이동할 때 가급적 이용하는 사람이 적고 개방된 곳으로 다닌다. 특히 아파트 등 공동주택에서는 일부러 계단을 이동한다. 확진자가 병동으로 이송될 때 계단으로 이동하기 때문이다. 해당 공동주택에 사는 다른 주민이 코로나19 바이러스에 노출되면 안 되니 계단으로 이동하면서 계단부터 빠르게 소독한다.

이들이 들고 다니는 짐의 무게는 확진자의 집에 들어갈 때와 나올 때가 다르다. 확진자의 집에는 7~8㎏ 정도의 짐을 들고 들어간다. 4L의 소독약과 빈 의료폐기물통을 챙겨야 하기 때문이다. 확진자의 집을 소독하고 나오면 20㎏ 정도로 짐이 불어난다. 소독약은 집을 빠져나오면서 한 번 더 방역조치반이 지나온 길을 소독할 분량을 제외하곤 소진하고 나오지만, 의료폐기물이 늘어난다. 특히 바이러스 전파의 위험이 큰 개봉된 식품류는 모두 수거해온다. 그렇기에 하루 종일 방역을 마치고 나면, 1t 트럭 트렁크에는 의료폐기물통이 가득 찬다.

"일하다 보면 환가(환자 가정, 확진자의 집) 방역을 늦은 밤에 가게 되거든요. 공동주택 방역을 마치고 나올 때 짐이 너무 많아서 힘들어요. 아파트 20층을 짐 잔뜩 들고 올라갔다가 내려온다고 생각해보면…. 처음엔 방역조치반이 한 조에 2명씩 운영됐거든요? 근데 짐이 너무 많아서 벅차니까 한 조에 3명으로 조정한 거예요."

우린 공무원이니까 감내하지만, 가족은 어떡하죠?

광주보건소 전체 공무원이 코로나19 대응에 참여하고 있어 가끔 보건소 직원 중 밀접접촉자가 발생할 때가 있다. 아무래도 코로나19 바이러스와 가장 가까이에서 마주하는 사람들이기에 주변에서 걱정 어린 시선으로 보기도 한다.

오지원 씨는 자신이 보건소에서 일한다는 이유로 자녀가 피해를 입은 적이 있다고 말했다. 선별진료소반이나 이동검체반에 투입됐을 때 아무리 보호장구를 다 하고 가도, 오지원 씨 아이가 다니는 학원에서는 아이의 등원 자제를 요청했다. 3차 대유행 때는 아이를 맡길 곳도 없어 아이가 자가격리 아닌 자가격리를 하기도 했다.

오지원 씨만의 사례가 아니다. 보건소 공무원의 가정 중 다수가 겪고 있는 일이다. 주변 사례를 본 이은미 씨는 "아이한테 친구를 집으로 초대하지도 말고 친구네도 가지 말라고 당부하는데, 아이가 이유를 물으면 '그냥…. 안 돼'라고 밖에 말할 수 없다"고 말했다. 아이에게 이유를 소상히 말했다가 아이가 상처받을 수 있다고 생각했기 때문이다. 어린아이를 키우는 이은미 씨와 오지원 씨는 "단지 내 일을 하는 것일 뿐인데, 가족들이 겪는 고통이 너무 커서 미안하다"고 말했다.

주 7일 근무해요. 원래 하던 업무를 안 할 수는 없잖아요

2020년 1월, 갑자기 발생한 코로나19로 모두의 삶이 바뀌었다. 일자리를 잃은 사람, 비대면 시대에 적응하기 위해 쩔쩔맨 사람들이 있다. 보건소 공무원의 삶 역시 바뀌었다. 그렇다고 해서 지역사회 주민의 보건을 위한 기존 업무가 없어지거나 축소된 것은 아니다.

광주시는 코로나19로 인한 공무원의 업무 부하를 이유로 시의회 감사를 따로 하지 않았다. 대신 10월에 있었던 국정감사 준비는 다 해야 했다. 감사뿐만 아니다. 기존에 하던 업무의 유지와 함께 성과관리도 해야 한다. 이 모든 업무를 해내기 위해서는 일주일 내내 일해도 모자라다.

"한 번은 '코로나19 방역하느라 24시간이 모자란 공무원, 국정감사 준비로 이중고' 뭐 이런 기사가 나왔는데, 그 기사 댓글에 '그럼 너네 그것도 안 하고 뭐 하냐'는 댓글이 달렸어요. 저희는 다 해내야 하는 사람들이에요. 기존의 업무도, 코로나19 대응도, 완벽하게 해야만 하죠."

취재 그 이후

2021년 1월, 광주보건소를 방문했다. 책 발간이 2021년 상반기로 예정되면서
더는 미룰 수 없는 취재였기 때문이다.
코로나19 확진환자가 줄어들지 않고 있는 상황에서 2월 26일부터는
코로나19 백신 접종이 시작됐다.
보건소의 업무가 또 다시 늘어난 상황에서
책 발간 관련 업무요청을 광주보건소 사람들에게 하게 됐다.
그들은 여전히 친절했지만, 업무가 늘어나 매번 뒤늦게 답이 왔다.
이런 상황에서 취재 후 100일도 지나지 않았던 사안에 대해 후일담을
취재하는 건 무리였다. 후일담을 듣지는 못하지만,
여전히 광주보건소의 공무원은 그들에게 주어진 모든 일을 다 해내고 있는 중이다.

그래도 다들 잘 견디고 있어요

경찰병원

*경찰병원에서 만났던 간호공무원은 다른 공무원들이 하는 일과 특별할 것이 없다며 본인의 실명이 노출되지 않기를 부탁했습니다. 김영희 씨(가명)로 표현합니다.

매일이 살얼음판

    모두의 기대와 다르게 2020년 하반기에도 코로나19는 사라지지 않았나. 코로나19 환자를 수용할 병상은 부족했고 의료진은 인력난을 호소했다. 공공의료시설은 거의 코로나19 전담병원이나 국민안심병원으로 지정됐다. 코로나19 전담병원은 코로나19 환자를 치료하는 곳이다. 그와 비슷하게 국민안심병원은 코로나19 증상은 없지만 호흡기 증세를 보이는 환자들의 치료를 맡는다. 코로나19 검사도 국민안심병원에서 할 수 있다. 2020년 10월 말 국민안심병원 중 하나로 지정된 경찰병원을 찾았다.

경찰병원 밖 회색 컨테이너는 29년차 베테랑 간호사 김영희(가명) 씨가 일하는 공간이다. 김영희 씨가 원래부터 '병원 건물 밖 컨테이너'에서 일했던 건 아니다. 코로나19 이후 업무공간은 완전히 달라졌다.

김영희 씨는 경찰병원에서 코로나19 증상이 없는 호흡기 질환자를 진료한다. 코로나19 양성일 가능성은 희박하지만 기침이나 콧물 등을 보이는 환자들이다. 그래도 혹시 모른다. 이들은 병원 안으로 들어가지 못하기 때문에 그도 밖으로 나와 환자들을 만난다.

코로나19가 한국을 뒤덮자 감염관리실 간호사였던 김영희 씨의 일상은 정신없이 돌아가기 시작했다. 코로나19 검사 대상자를 안내하는 것도 김영희 씨의 일이다. 경찰병원을 찾았던 10월 30일엔 서울의 한 사무실에서 일하는 사람들이 길게 줄을 섰다. 사무실에서 같이 일하는 동료가 코로나19 확진 판정을 받자 경찰병원을 찾은 것이다. 김영희 씨는 인터뷰를 위해 자리에 앉아 몇 마디를 하다가 다시 일어나야 했다.

코로나19 검사 안내를 끝내고 컨테이너에 들어온 김영희 씨는 "죄송해요. 어디까지 이야기했죠?"라고 물었다. 쉬는 시간을 방해하는 것 아닌가 싶어 오히려 더 죄송했다. 김영희 씨는 "코로나19

경찰병원 건물 밖에 마련돼 있는 국민안심병원 호흡기 진료소
이곳은 코로나19 발생 이후 김영희 씨의 일터가 됐다.

업무와 기존 일을 병행하고 있어요. 감염관리실 간호사가 두 명인데 반나절씩 호흡기안심외래진료소에서 번갈아 일해요. 해야 할 일들을 못 하고 다 밀리기도 해요. 남아서 하는 거예요"라고 설명했다. 그의 바쁜 일상만큼이나 빠른 말투였다.

위험은 항상 있다

　김영희 씨는 2019년 경찰병원 감염관리실 업무로 돌아왔다. 2006년부터 5년간 일했던 부서였다. 환자들은 간혹 자신의 질환을 고치러 온 병원에서 병원감염이 되기도 한다. 원인은 다양하다. 의료 감염은 매년 증가하고 있고, 환자와 환자 사이를 오가는 의료진이 감염 매개가 되기도 한다. 감염관리실은 병원 내에서의 감염을 최소화하기 위해 지침을 권고한다. 필요시 환경 개선을 건의하고 수행하는 역할도 맡는다.

경찰병원 응급실 밖 선별진료소
음압텐트라서 매번 환기를 시켜줘야 한다.

코로나19 대응을 위해 경찰병원은 국민안심병원으로 지정됐다. 국민안심병원은 선별진료소와 음압병실을 운영하고, 코로나19 확진 환자가 나오면 전담병원으로 인계한다.

국민안심병원은 코로나19 환자를 치료하지는 못한다. 양성 판정을 받았을 땐 환자를 전담병원으로 이송시켜야 하지만, 응급한 경우엔 그 시간조차 사치일 수 있다. 특히 고령의 고위험군 환자들은 경찰병원이 바로 처치한 적도 많았다. 김영희 씨는 상태가 위중해 보였던 한 할머니를 떠올렸다.

"코로나19 의심 증상에 폐렴이 있어요. 근데 폐렴은 사진 찍어보기 전에는 몰라요. 어떤 할머니가 열이 많이 나서 급하게 왔는데, 집으로 보낼 수가 없는 거예요. 그 할머니는 코로나19가 강력히 의심됐어요. 입원을 시켜야 했는데 다른 입원 환자들을 보호해야 해서 응급실 내 음압병실로 보냈어요."

결과는 김영희 씨의 예상대로 코로나19 양성이었다. 감염관리실에 오래 몸담았던 김영희 씨는 병원 내 접촉을 걱정했다. 다행히 경찰병원에 코로나19 밀접 접촉자는 없었다. 그만큼 모든 의료진이 환자를 대하는 것에 더 많은 신경을 썼다는 의미다. 그래도 김영희 씨는 "위험은 항상 있다"고 말했다.

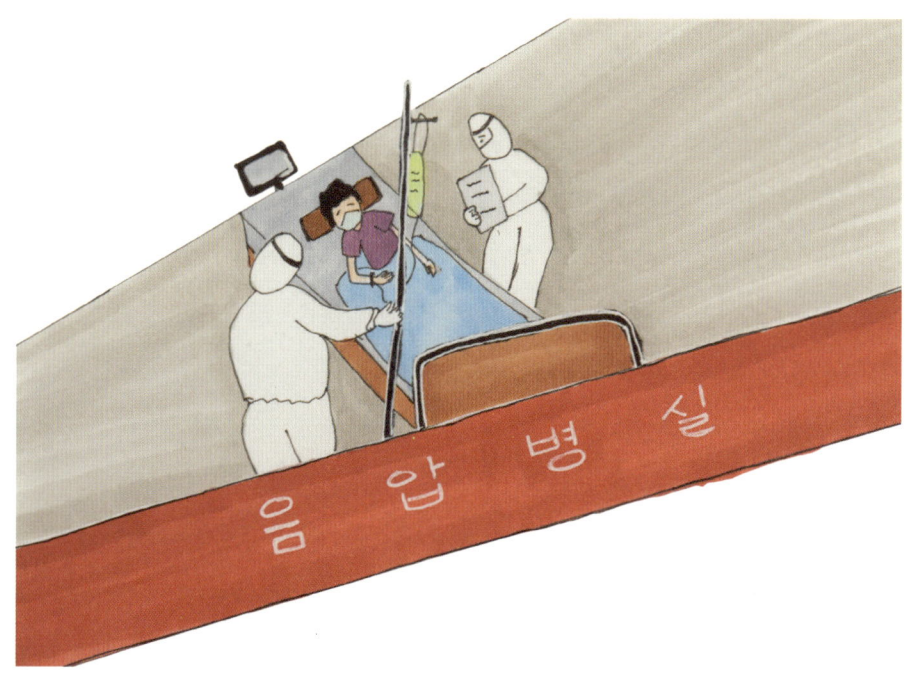

　코로나19 바이러스가 원내에 진입하는 건 우선적으로 막아야 했다. 아예 병원에서 샤워를 마치고 귀가하는 직원들도 많았다. 원래 경찰병원 내 감염관리 일을 해왔던 김영희 씨는 코로나19 상황에서도 같은 업무를 이어갔다. 중대본에서 내려오는 지침을 확인하고 원내 게시판에 공지하고 지침을 직원들에게 교육하기도 했다.

바이러스 대응은 보이지 않는 것과의 전쟁

　이름과는 다르게 경찰병원은 경찰만을 대상으로 진료하지는 않는다. 각종 사고가 빈번하게 발생하는 경찰관과 소방관이 경찰병원을 주로 찾지만, 지역사회 구성원들도 이용할 수 있는 종합병원이다. 그럼에도 경찰병원은 경찰들의 진료를 우선시해야 한다.
　서울시의 집회금지 행정명령에도 8월 15일 경찰 추산 3만 명 정도가 광화문에 모였다. "8.15 집회 이야기를 안 할 수가 없다"고 말하자 김영희 씨는 8.15 집회 투입 경찰들의 코로나19 전수조사를 먼저 떠올렸다. 3일간 500명의 경찰을 전수조사 했던 기억이다.

"8.15 집회에 투입된 경찰을 모두 조사하라는 지침 전에도 일반 환자들이 많이 오던 상황이었어요. 선별진료소 검체채취실은 음압시설이어서 검사가 끝날 때마다 환기와 소독을 해야 하는데, 한 환자 검사에 최소 5분 이상 걸려서 야외에서 전수조사를 했어요. 밖에 의자를 마련해서 경찰들의 코로나19 검사를 하는데 그때가 8월이었어요. 너무 더우니까 동료들은 얼음 조끼까지 동원해 땀을 뻘뻘 흘리면서 검사를 했었죠."

매번 코로나19 감염 가능성이 있는 사람들과 접촉하는 김영희 씨는 "모든 직원들은 내가 코로나19를 옮기지 않을까 하는 걱정과 불안감이 있고, 우리 병원뿐만 아니라 모든 병원들이 원내에서 확진자가 나오지 않을까 하는 우려 때문에 살얼음판이다"라고 걱정했지만, 그는 경찰병원 직원들을 신뢰했다. 그 믿음은 김영희 씨가 내내 사용했던 '우리 병원 사람들'이라는 표현에서 엿볼 수 있었다.

"세균이나 바이러스 대응은 보이지 않는 것과의 전쟁이에요. 그런데 이 업무를 하면서 저는 공무원들의 저력을 느꼈다고 할까? 자기 위치에서 최선을 다해서 응대를 하는 거죠. '우리 직원들이 정말 내 일처럼 잘 해내고 있구나' 그런 생각이 들더라고요. 다들 잘 견디고 계세요."

불편한 간호복은 어떻게 바꿀까?

코로나19로 늘어난 업무와 야근은 경찰병원 공무원도 매한가지였다. 늦은 시간까지 환자를 대하는 간호사들에게 제일 필요한 건 편한 옷과 신발이었다. 경찰병원의 간호복은 라인이 잡혀 있고, 땀

흡수가 원활하지 않아 불편하다는 의견이 다수였다. 신발도 전통 간호화를 신었다. 노동조합은 간호복 변경과 신발 자율화를 병원에 건의했다.

업무도 힘든 와중에 경찰병원 직원들은 '코로나19 전파자' 취급을 받기도 했다. 한 간호사는 자녀가 다니던 어린이집에서 "일주일간 오지 말라"는 말도 들었다고 한다.

노동조합에 몸담고 있는 김대령 씨는 직원들의 고충을 표현하는 게 중요하다고 생각했다. 관리자와 직원 간의 소통창구는 부족하고, 소통의 부족은 오해를 낳는다. 그는 지쳐가는 경찰병원 직원들이 있을 때 노동조합이 나서야 한다고 말했다. 김대령 씨는 "노동조합이 따뜻한

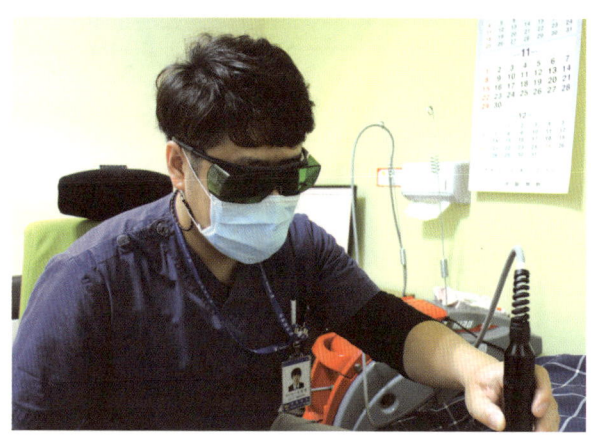

김대령 물리치료사

조직이라는 걸 조합원분들이 꼭 알아주셨으면 합니다"라고 말했다.

노동조합은 직원들을 찾아다니며 소규모로 모임을 가지고 현안을 물었다. 경찰병원은 간호직·간호조무직·의료기술직·행정직·운전직·방호직·위생직 등 여러 직렬이 공존한다. 노동조합이 가장 중요하게 추구하는 가치는 '표현'이다. 조합원·사측과 만나기 위해 발로 뛰어다니는 김대령 씨는 앞으로의 전염병 대응 시스템을 만드는 것에 있어서도 현장과의 소통을 이야기했다.

"한국의 감염병 대응 시스템은 충분히 앞서 가고 있는 걸로 느껴집니다. 하지만 지금은 관리직이나 수뇌부 결정에 의해서 시스템이 대부분 정착합니다. 현장의 목소리를 충분히 전달할 수 있는 창구가 필요하지 않을까 싶습니다. 우리의 목소리를 건의받을 수 있는 곳이 있으면 훨씬 나은 정책이 만들어질 것 같습니다. 실제로 현장에서 일하는 직원들에 대한 대응은 미비하다는 생각도 들었습니다. 국민과 노동자들의 이야기를 취합해서 정책을 만들었으면 좋겠습니다."

'우리 병원 사람들'과 함께 코로나19에 맞서 싸우고 있는 김영희 씨와 김대령 씨의 하루는 여전히 길다. 우리 병원 사람들이 모여 '우리 사회'를 지키고 있다.

취재 그 이후

김대령 씨는 병원에서 근무하는 것만으로도 받는

따가운 시선이 있었다고 말했다.

자녀를 어린이집에 보낼 때였다. 김대령 씨는 자신의 아이에게도,

아이의 친구에게도, 보호자에게도 미안했다.

코로나19 환자를 돌보는 병원에서 일하기 때문이었다.

그의 배우자도 같은 병원에서 일했다. 쉬는 날에는 최대한 집 밖으로

나가지 않고, 모임은 취소했다. 경찰병원 직원 모두가 마찬가지였다.

다시 김대령 씨에게 연락했을 때도 그는

"직원들이 지치지 않도록 함께 노력해야 한다"고 말했다.

경찰병원은 서울에 있잖아요. 수도권에 확진자가 급증한 상황에 영향을 많이 받았을 것 같아요.

한때 하루 천 명에 육박하는 확진자가 발생했죠. 환자를 돌보는 데 정부 차원에서도 어려움이 있었어요. 당초 경찰병원은 지난해 3월부터 국민안심병원으로 지정됐어요. 코로나19 상황 속에서 안심하고 외래 입원 진료를 받을 수 있는 병원이죠. 그렇게 경찰·소방공무원뿐 아니라 지역사회 주민들에게도 의료 서비스를 제공하고 있었어요.

그런데 지금은 질병관리본부의 권고사항을 받아들여 코로나19 전담병원으로 역할을 하고 있어요. 코로나19 병동, 외래·입원환자를 돌보는 일을 같이 해요. 물론 코로나19 환자와 일반 환자는 동선을 철저히 분리시켰어요.

물리치료사와 노동조합 지회장의 삶을 동시에 사시느라 정신이 없겠어요.

노동조합 지회장이기에 앞서 물리치료사로서 환자를 치료하는 것은 큰 보람이 있는 일이에요. 조합원의 마음을 살피는 노동조합 지회장의 역할과, 통증을 치료하는 물리치료사의 역할은 서로 정말 잘 어

울리는 궁합이라고 생각해요. 코로나19 전담병원이 되고 나서 노동조합이 공식적으로 활동하는 데 어려움이 있어요. 조합원들에게 현안 사항을 수시로 원내메일, 전화, SNS를 통해 접수하고, 소식지를 만들어 기관과 소통하는 일을 해요.

경찰병원에 가보니까 건물 앞에 코로나19 검사시설이 있더라고요. 겨울엔 추웠을 것 같아요.

환절기에 건물 앞 진료소가 춥다는 의견이 많았어요. 천식이 있어서 선별진료소 근무가 어렵다는 의견도 있었고, 비닐이라도 마련해 달라고, 너무 추워서 얼어 죽을 것 같다는 목소리도 나왔어요. 이 내용을 접수받고 병원 측에 요청해서 지금은 시설 개선이 된 상태예요!

공무원노동자에 대한 우리 사회의 인식 변화에 공감하시나요?

평상시에는 공무원노동자가 일반적인 공무원의 업무를 수행한다면, 국가적인 재난 또는 감염병이 발생했을 때 공무원은 마땅히 선봉에서 성실히 일하고 있어요. 특히 코로나19 전담병원 및 선별진료소 등 초창기에 민간 병원에서 기피하는 근무형태에 대해 국가병원 및 보건소에서 근무하는 공무원노동자들은 묵묵히 일선에서 일했어요. 공무원은 국가 위기 시에 더욱 그 기능을 발휘한다고 생각해요. 하지만 아직 공무원은 안정적인 직장, 편한 직장, 대우가 좋은 직장이라는 이미지 때문에 노동자로 온전히 존중받지 못한다고 생각해요.

앞으로 공무원노동자는 우리 사회에서 어떤 역할을 해야 한다고 생각하시나요?

이 질문은 어렵네요(웃음). 공무원 개개인이 건강한 마음을 가져야 건강한 조직이 된다고 생각해요. 그러기 위해선 공무원노동자가 자신의 고충과 어려움을 소통할 수 있는 창구가 필요해요. 그래야 결국 국민에게 제공되는 서비스의 질이 향상될 거예요.

취재 후기

2020년 8월 25일 국립정신건강센터부터 2021년 1월 26일 경기도 광주보건소까지. 5개월의 취재가 마무리됐다. 기획단계까지하면 8개월, 그 이후 이 책을 내놓기 위해 추가 취재를 진행한 시간까지 더하면 10개월이다. 코로나19가 본격적으로 우리 사회를 위협한 이후의 시간들이 모두 담긴 셈이다.

11개 기관에서 50여 명이 취재에 응했다. 코로나19에 맞선 '공무원'이 주제였지만, 현장에서 우리가 만난 사람들이 공무원만은 아니었다. 지금 생각해보면, 우리는 코로나19에 맞선 '사람들'의 이야기를 들은 셈이다.

우리는 그동안 들었던 50여 명의 이야기를 중심으로 전달했다. 다양한 사람들의 이야기 속에는 지난 1년간 우리 사회가 낯선 바이러스를 겪어내는 과정이라는 접점도 있었고, 때론 우리가 미처 알지 못했던 사연들도 담겨 있었다. 이 책을 준비하면서 취재 과정의 이야기를 정리해보는 것이 필요하다고 생각했다.

* 취재후기는 일상의 어투를 최대한 살리기 위해 대화체로 구성했다.
* 취재후기에 등장하는 '공노총'은 대한민국공무원노동조합총연맹을 이른다.
* 취재후기는 2021년 2월 9일에 나눴다.

은혜 : 코로나19에 맞선 공무원들은 2020년 7월에 기획안이 나와서 8월 말에 첫 취재를 진행했잖아요. 이제부터 우리가 왜 이 코로나19 상황 가운데 '공무원'에 집중했는지 회고해 보려고 해요.

한님 : 사실 처음에는 하기로 했으니까 시작했죠. 저는 이전에 공공부문을 담당해 본 적이 없었어요. 처음엔 별 생각 없이 '하라고 하니까 하자.' (웃음)

은혜 : 저는 공공부문을 출입하긴 했지만, 공무원 조직에 출입한 지는 얼마 안 됐을 때였어요. 처음에는 공노총과 미팅 자리에서 코로나19 시대에 공무원들이 어떻게 지내고 있는지 얘기를 들었죠. 그때는 '공무원이 정말 많은 일을 하네'라고 생각하고 끝이었거든요. 기억 저편에 묻어뒀다가 이 기획 논의가 나오면서 저도 하게 된 거죠.

한님 : 이 기획을 처음 시작하면서는 취재 협조가 가장 어려웠던 것 같아요. 교육청 같은 경우는 취재를 가려고 거의 두 달 동안 공을 들였잖아요. 학교에 애들이 있는데, 애들을 만나는 사람들이니까 안 된다는 대답을 들었어요. 아무래도 시국이 시국이라서 그런지 현장 취재를 나가는 게 힘들었어요.

은혜 : 교육청 일정 잡는 것도 오래 걸렸는데, 우리가 취재할 때 역학조사 취재도 꼭 하자고 했잖아요. 아무래도 대표적인 업무니까. 코로나19가 좀 잠잠해졌을 무렵에도 '그래, 역학조사는 바쁘니까' 하면서 천천히 컨택을 시도했다가 기사 연재를 마칠 즈음에 코로나19가 재확산하면서 뒤늦게 취재를 갔죠.

한님 : 취재는 해야 하고 컨택은 안 되고. 또 저희가 원래 계획했는데 안 된 곳들이 있잖아요. 의료폐기물 수거를 담당하는 환경부 쪽이 안 돼서 아쉬웠어요. 더 다양한 직군을 만났다면 좋았을 거라는 아쉬움이 들어요.

은혜 : 맞아요. 제한을 두지 말고 해볼걸.

한님 : 근데 업무가 겹치는 부분이 상당히 많았잖아요. 여러 직군의 공무원을 만나보자는 게 취지였는데, 잘 안 된 부분도 있는 것 같아요. 컨택은 됐는데 직무가 비슷하고. 최대한 다양한 사람을 만나고 싶은데…. 그렇다고 취재를 막 밀어붙여서 일하는 사람을 방해하고 싶지는 않고. 자가격리TF 취재 갔을 때는 진짜 일하는 사람 옆자리에서 인터뷰하기도 했거든요.

은혜 : 코로나19로 힘든 사람도 많고 의료진 고생한다는 말은 많은데, 사실 우리가 매일 받는 재난문자는 공무원이 보내잖아요. '그래서 공무원은 무슨 일을 할까'에서 출발한 기획인데, 그런 부분에서 우리 기사가 기획의도에 부합한 것 같나요?

한님 : 어느 정도는 부합한 것 같아요.

은혜 : 제 부분에서는 고용노동부 취재가 진짜 기획의도에 맞았다는 생각이 들었어요. 한님 기자 부분에서는 우체국 취재가 좀 그런 것 같죠? 둘 다 의료파트는 아니잖아요. 그런데 코로나19 상황에서 진짜 핵심, 중요한 업무를 담당했던 곳들이에요. 공적 마스크를 판매하거나 긴급고용안정지원금이나 고용유지지원금 같은 경제 정책을 담당했던 곳이니까요. 그런 부분에서는 의미 있었던 기억이 나요.

한님 : 맞이요. 비의료파트지만 코로나19 대응 업무를 하는 공무원 취재할 땐 '이런 일도 있었구나' 싶었어요. 우체국이 특히 그랬죠.

은혜 : 그럼 기억에 남는 취재원을 꼽아볼까요? 앙케트처럼.

한님 : 저는 취재원 모두가 다 정말 기억에 남는데….

은혜 : 저도요. 그들의 이야기가 다 다르잖아요. 공무원의 일에 주목하자고 얘기했지만, 취재를 하면서 사람에 집중하게 되고 그들이 이 과정에서 겪었던 일에 주목하게 됐잖아요. 30년을 공직에 있으면서 감염병을 몇 번이나 겪었는데도 이번 코로나19는 너무 거대해서 쓰러졌다는 박순경 팀장님도 기억에 남고. 조용대 팀장도 '고용노동부가 동네 구멍가게냐'고 말했던 게 기억에 남고. 운전 원래 못했는데 이제 잘 할 수 있다고 하셨던 이도원 씨나 안타까운 일을 경험했던 이미영 주무관님도 다 기억에 남아요. 생활치료센터 갔던 것도 다 기억에 남고. 광주는 최근에 가서 그런지 다 기억에 남네요.

한님 : 제일 기억에 남는…. 어렵네요. 생각나는 분이 있긴 한데 이 분은 공무원이 아니라.

은혜 : 저도 처음 취재 갔을 때 부산역 선별진료소에서 봤던 허기남 선생님과 양대건 선생님이 진짜 기억에 많이 남는데 두 분 나 공무원은 아니었어요. 최근에 양대건 선생님은 병원으로 가셨다고 하더라고요. 허기남 선생님은 여행사를 운영하다가 코로

나19로 셧다운 되면서 선별진료소에 합류하셨대요. 인터뷰 중에 '역설적이지 않냐. 내가 코로나19로 일자리를 잃었는데, 지금 코로나19로 밥을 먹고 살고 있다' 이렇게 얘길 하시니까 기억에 남았어요.

한님 : 청도의 서진민 보건교사, 그분이 교육청에 발령받고 얼마 안 돼서 코로나19가 터진 거예요. 그래서 코로나19 비상대응팀에서 업무를 하는데, 보건교사니까 학생들이랑 통화를 해요. 코로나19 확진된 학생들이랑요. 저는 그분이 기억에 남아요.

한님 : 다들 급하게 팀을 꾸리니까 다른 곳에서 차출된 공무원도 있고 급할 때 기간제로 채용한 사람도 있잖아요. 사실 그 외부 인력이라고 불리는 사람들에 관심이 좀 더 가더라고요. 청도 같은 경우도 지금은 기간제로 뽑은 분들은 너무 힘들어서 다들 그만뒀다고 들었어요. 공무원도 다른 곳으로 발령받아서 이동하고. 저는 그 분들의 이야기에도 더 많은 지면을 할애했으면 어땠을까 하는 아쉬움이 남아요.

은혜 : 맞아요. 공무원도 고생이 많지만, 함께 일하는 사람들에 대한 얘기도 같이 들었으면 어땠을까 싶어요.

한님 : 자가격리TF에 통역사가 있거든요. 외국인이 많은 도시잖아요, 안산은. 공무원이 통역을 담당하기는 어려우니까 통역사를 쓰는 거고. 같은 팀에서 일하지만 공무원은 아닌, 그분들도 코로나19에 맞선 사람이라고 생각해요.

은혜 : 돌이켜보면 취재 과정은 항상 즐거웠어요. 저희가 항상 피곤하고 일이 많은 시기에 취재를 갔잖아요. 그래서 사실 취재가 잡히면 '아….' 이러다가도 또 거기 가는 기차에서는 설레서 잠도 못자고.

한님 : 그랬어요? 저는 설레서 잠도 못자고 그러지는 않았어요. 기차 무사히 탔다는 안도감에 엄청 잤던 것 같은데.

은혜 : 저는 항상 출발할 때마다 '오늘 너무 피곤하다. 내려가는 기차에서 자야겠다' 했는데 기차에서 잔 적이 단 한 번도 없어요. 취재를 간다는 게 재미있더라고요.

한님 : 뭐가 그렇게 재밌었어요?

은혜 : 기차를 자주 안 타봐서 그런지 기차를 타고 가는 것 자체가

재밌었고(웃음). 그리고 또 취재원한테서 얘기를 듣고 오면, 들었던 얘기 중에 그동안 생각해보지 못한 것들이 너무 많은 거예요. 들었던 얘기를 기차에서 복기하는 그 시간도 저한텐 재밌는 시간이었어요. 그러다보면 서울역에 도착하더라고요.

한님 : 저는 그 정도는 아니었어요. 이 얘기 꼭 좀 써주세요(웃음).

은혜 : 기자로 일하면서 이번 취재처럼 흥미로웠던 취재가 많지 않은 것 같아요. 이렇게 얘기하면 다른 취재원들이 서운해 하려나? 근데 정말 얘기 듣는 게 재밌었어요.

한님 : 저도 얘기 듣는 건 재밌었어요. 새벽에 지방 내려갈 때는 피곤해서 자느라 바빴는데 올라올 땐 또랑또랑한 경우가 있었죠. 서울역 도착해서 나오면 괜히 아쉽기도 했어요.

한님 : 그런데 일선 공무원 입장에서는 아쉬운 게 있었을 것 같더라고요. 일하는 방식에 있어서요. 일이 터지면 먼저 보고하는 것보다 빨리 대응하는 게 필요한 것 같은데, 보고를 먼저 해야 하는 거예요. 그걸 해야 일을 처리할 수 있으니까요. 근데 코로나19는 굉장히 긴박한 대응이 필요하잖아요. 미적미적하다간 지

역사회에 빠르게 전파될 수 있죠. 공무원 조직은 체계나 보고가 중요하게 여겨지는데, 이런 재난 상황에서는 그 부분이 오히려 아쉬웠겠다 싶었어요.

은혜 : 그런 아쉬움이 드러나는 취재는 대구였던 것 같아요. 장관이 2주 안에 긴급고용안정지원금을 지급하겠다고 했는데 두 달 걸렸잖아요. 위에서 그렇게 공언하는데 그게 물리적으로 안 되니까 밤새도록 야근하고 그런 식으로 대응했다는 얘길 많이 하셨거든요. 추가 인터뷰 때도 조직 자체가 유연하지 않아서 긴박한 상황에서도 사람을 뽑아서 적기에 배치하는 게 안 되고. 그러니까 그동안 공무원을 갈아 쓰고. 그런 얘길 듣다 보니까 우리 기획의도가 공무원이 그동안 대응을 잘 했고, 우리나라 살기 좋은 나라라는 국민들의 이야기가 많아지면서 거기서 출발한 건데, 정작 현장에서 느끼는 어려움이 제대로 해결되지 못했다는 아쉬움이 강했어요.

한님 : 저도 미진하다는 생각이 들었어요. 경찰병원에서 들었던 얘기랑도 이어지는 것 같은데, 수뇌부가 현장을 고려하지 않고 정책을 결정하니까 괴리가 있는 것 같다고 하더라고요. 재난 상황에서 일하는 사람의 목소리를 들을 수 있는 창구가 있었으면 좋

겠다는 거였어요. 코로나19는 누구도 예상하지 못한 급박한 일이지만, 재난 상황에서의 시스템이 정착될 필요는 있는 것 같아요. 참 어렵네요. 예상할 수 없는 재난도 있을 텐데.

은혜 : 이어지는 얘기인데, 이게 시스템으로 작동하는 게 아닌 거예요.

한님 : 때우는….

은혜 : 사실상 공무원 개인이 갈려나가는 거잖아요. 이 사람을 쉽게 해주기 위한 시스템이 없고 6개월 정도 일하다 소진되면 바뀌는 건데 그것도 지침이 아니라 내부에서 자기들끼리 알아서 하는 거였어요. 광주에서 그러더라고요. 역학조사반 근무는 6개월을 넘기지 말자는 게 원칙인데 같이 일하는 사람들끼리 정한, 그러니까 시스템은 아닌 거죠.

한님 : 처음에 취재 간 국립정신건강센터. 거기도 청도로 출장을 갔잖아요. 원래는 집에서 출퇴근하면서 3교대로 근무하던 사람들인데, 청도로 출장을 간다는 건 업무환경이나 환자, 병원구조가 다 바뀌는 거잖아요. 생판 모르는 데서 일하는 건데 쉴 수 있는

게 없어서 노동조합이 건의했대요. 그것도 지침이 아니라 내부에서 해결된 거죠.

은혜 : 노동조합이 그렇게 얘기해서 내부에서 규칙을 만들었어요. 그걸 정책적으로 가져가서 시스템이 되면 좋은데 그게 안 되는 거죠. 계속 똑같은 일이 반복됐던 게 긴급고용안정지원금이죠. 2차 때는 그래도 기한 안에 지급을 했대요. 3차는 아직 기한이 안 끝났지만. 그때도 사람 이거 가지고 안 된다고 사람 더 뽑으라고 했는데 안 돼서 내부 사람들이 또 야근하면서 업무 나눠서 한 거예요. 서울 생활치료센터 담당자도 그런 얘길 했어요. 2~3일에 하나씩 생활치료센터를 만들라고 하니까 이 사람들은 집에도 못 가고 일하는 거죠. 코로나19 감염 위험도 있고 업무가 많아서 집에 못 가니까 외부에 잘 수 있는 시설을 요청했는데, 그것도 결국 노동조합에서 해준 거죠. 근데 이게 여기만 겪은 게 아니라 모든 곳에서 다 겪은 거예요. 광주에서도 그렇게 얘기하더라고요. 그 취재원은 역학조사반으로 만났는데 직전에 방역업무를 하신 분이었는데, 혹시 가족이 자기 때문에 코로나19에 감염될까봐 집에 도착하면 현관에서부터 훌렁훌렁 옷을 벗으면서 들어가서 바로 씻고 주무신대요.

한님 : 그럼 옷은 누가 치워요?

은혜 : 옷은 자기가 따로 빠는 거죠.

한님 : 공무원이 방역에 더 조심하는 케이스는 수두룩한 것 같아요. 갑자기 자가격리팀장이 '공무원들이 워낙 새가슴이잖아요'라고 말했던 게 기억이 나네요(웃음). 서울 보건환경연구원도 그래요. 거기는 코로나19 검체를 가지고 일을 하니까 정말 위험하잖아요. 환기가 가장 중요하니까 창문을 열고 일한대요. 어떤 연구원님이 복도 근처만 가면 벌써 춥대요. 안에서는 밤샘근무를 해야 하는데, 밤에 창문 열고 일하면 사람들이 다 파랗대요. 추워가지고.

은혜 : 모든 조직에서 다 비슷한 문제를 겪고 극복하는 방식도 비슷한데 이게 정책이 아니라는 게 안타까웠어요.

한님 : 아이러니하죠.

은혜 : 경산에서 들은 얘기인데, 애들 학교에서 엄마 괜찮냐고 전화가 온대요. 근데 같은 얘기를 광주에서도 하시더라고요. '모든

사람이 겪는 문제인데 대안이 없구나' 하는 생각이 들었죠. 이 취재를 하면서 공무원의 사명감 얘길 많이 들었어요. 물론 인터뷰한다고 미리 그 말은 준비하셨을 텐데, 그렇다고 해도 '공무원이야 국민이 낸 세금으로 월급을 받으니까 사명감으로 견딘다지만, 가족들은 왜 이걸 견뎌야 하지?' 그런 생각이 들었어요.

한님 : 은혜 기자 말처럼 인터뷰를 해 보면 공통적으로 겹치는 단어가 있어요. 사명, 희생, 봉사. 이 세 키워드가 굉장히 겹쳐요.

은혜&한님 : 헌신(웃음).

한님 : 몇 개의 키워드가 돌려가면서 쓰이더라고요. 나중에 10번째까지 취재하면서야 이게 사명으로 감당하기 어렵다는 말을 들었어요. 실제로 들으니까 반갑더라고요. 그때 보건환경연구원 지부장이 그러더라고요.

은혜 : 차라리 그렇게 얘기해 주면 좋은데, 다들 '힘들어도 어떡해요. 버텨야죠. 저희가 뚫리면 다 뚫리는 건데' 이렇게 얘기하시니까….

한님 : 그 희생, 헌신, 사명으로만 버틸 수 없는 환경에 이르렀다고 봐요. 지금 코로나19가 장기화됐고 앞으로 더 길어질 가능성도 있는데 이 상황에서 그 키워드를 돌려쓰면서 할 수는 없어요. 이들에 대한 복지라면 복지고, 어떤 대안이 마련돼야 하는 거죠.

은혜 : 맞아요. 업무적으로 소진되지 않도록 하는 무언가가 필요해요.

한님 : 사실 공무원뿐만 아니라 저희도 고생이 많았잖아요. 또 고생했던 사람이 공노총 컨택 담당자. 고생을 정말 많이 하셨죠. 그분이 저한테 '나 영업담당자 같다'는 말을 했거든요. 취재가 가능한지 계속 전화 돌리고 그랬어요. 그분한테 일상적으로 오던 연락이 '기자님, 취재 안 된대요' 이런 거였어요. 감사하다는 말씀 꼭 드리고 싶네요. 아 근데 이거 무슨 수상소감처럼 말하게 되네요(웃음).

은혜 : 저는 사진기자. 사실 순창 취재 바로 나음날 대구 취재가 있었잖아요. 우리는 아무도 그렇게 일정이 잡히리라고 예상하지 못했는데 그렇게 돼서…. 저희는 둘이니까 순창이랑 대구 취재를 나눠서 했지만, 사진기자는 연이어 두 군데를 다 가야 하는 상황이었어요. 저는 새벽같이 서울에서 대구로 내려가고 사진

기자는 전날에 전라도에서 경상도로 넘어갔죠. 그게 차가 있어도 힘든데 기차를 타고 가는 건 더 힘들잖아요. 전라도에서 경상도로 가는 KTX가 없다고 들었어요. 무궁화호를 타고 갔어야 하는 거죠. 그렇게 가서 다음날 오전에 대구 일정을 소화했어야 해서 되게 고생했겠다는 생각이 들어요.

한님 : 정말 고생 많이 했어요. 땀 뻘뻘 흘리면서 장비 다 들고.

은혜 : 일정도 진짜 타이트했고, 오후에 내려가면 취재가 어려우니까 새벽같이 서울에서 출발했잖아요. 진짜 피곤했을 거예요. 우리야 '기사 써야 하니까' 하면서 내려가도, 사진기자 입장에서는 핵심 내용은 우리가 다 가지고 있고. 따로 사진기사가 나가는 것도 아니고 그냥 어떻게 보면 우리 보조해 주러 가는 거잖아요. 고생 진짜 많았을 거예요.

한님 : 마지막으로 기사나 책을 봐주시는 분들에게 말하고 싶은 게 있었어요. 공무원도 한 사람 한 사람 다 그들의 얘기가 있어요. 그냥 우리가 공무원이라는 카테고리로 묶은 것일 뿐이지, 우리가 취재한 건 '코로나19에 맞선 사람들'인 거잖아요. 그렇게 이 책을 봐주셨으면 좋겠어요.

은혜 : 사실 공무원을 욕할 때 몇 명의 나쁜 사람을 빗대서 전체를 욕하는 거잖아요. 그래서 이 책을 보는 사람은 앞으로 안 그랬으면 좋겠다는 생각이 들어요. 한 사람 한 사람 봐달라는 거랑 비슷한 의미죠.

코로나19에 맞선 공무원들

기획 대한민국공무원노동조합총연맹, 참여와혁신
펴낸이 박송호
글쓴이 강한님, 최은혜
그림 최보경
편집 하승립
디자인 서유진

펴낸곳 ㈜레이버플러스
출판등록 제318-2002-000060호
등록일 2002년 7월 25일
주소 서울특별시 마포구 월드컵북로 131, SKSW빌딩 4층
전화 02-2068-4187
홈페이지 www.laborplus.co.kr

1판 1쇄 인쇄 2021년 4월 12일
1판 1쇄 발행 2021년 4월 19일

코로나19에 맞선 공무원들, ㈜레이버플러스, 2021
ISBN 978-89-957103-8-8 (03320)

가격 15,000원